ORA
las Escrituras
por
TUS HIJOS

ORA
las Escrituras
por
TUS HIJOS

*Descubre cómo orar
por el propósito de Dios
para sus vidas*

La misión de Editorial Vida es ser la compañía líder en satisfacer las necesidades de las personas, con recursos cuyo contenido glorifique al Señor Jesucristo y promueva principios bíblicos.

ORA LAS ESCRITURAS POR TUS HIJOS
Edición en español publicada por
Editorial Vida – 2014
Miami, Florida

Editora en Jefe: *Graciela Lelli*
Traducción: *Giovanni Durán*
Edición: *Karen Azucena*
Diseño interior: *Santiago Arnulfo Pérez*

ISBN: 978-0-8297-6617-2

CATEGORÍA: Vida cristiana / Familia

IMPRESO EN ESTADOS UNIDOS DE AMÉRICA
PRINTED IN THE UNITED STATES OF AMERICA

14 15 16 17 18 RRD 06 05 04 03 02 01

A mis padres, Claire y Allen Rundle,
cuyo amor inalterable,
ejemplo fiel y oración permanente
nos han guiado a mí y a un número incontable
de personas al Dios que nos *ama* tanto
y es tan *poderoso* para hacer muchísimo más
de lo que podamos imaginar o pedir.

Contenido

PARTE 3: ORAR POR
LA SEGURIDAD DE TU HIJO

PARTE 4: ORAR POR
LAS RELACIONES DE TU HIJO

PARTE 5: ORAR POR
EL FUTURO DE TU HIJO

Prefacio

Fern Nichols, fundadora y presidenta
de Madres Unidas para Orar
(anteriormente Madres que Oran)

Creo que la oración es la mayor influencia que una madre puede ejercer sobre la vida de su hijo. Cuando se pone en la brecha por su amado retoño, el soberano Señor de los cielos y la tierra escucha y responde sus oraciones. En este libro, Jodie Bernt enseña principios sencillos sobre la oración que, al aplicarlos, cambiarán tu vida de oración. Uno de los principios más poderosos es *orar las Escrituras*. Cuando oramos las promesas de Dios a favor de nuestros hijos, nuestra fe aumenta, pues oramos las mismas palabras de Dios. Me encanta este libro porque amo la Palabra de Dios, y este libro está lleno de ella. A medida que lo leas, tu alma revivirá y será restaurada, a la vez que te llenarás de mucha esperanza.

Me emociona ver cómo Dios utiliza Madres Unidas para Orar en la vida de Jodie. Ella declara: «La estrategia de Madres Unidas para Orar consiste en emplear las Escrituras, es decir, las mismas palabras de Dios. Dado que vienen directamente de la Biblia, llevan el peso del poder de la Palabra de Dios». La fe en la Palabra de Dios es la fuerza más poderosa que existe. Aquellas cosas que vemos como montañas inamovibles en la vida de nuestros hijos pueden ser removidas si oramos las promesas de las Escrituras, es decir, la Palabra de Dios.

Aprecio la vulnerabilidad de Jodie en su condición de madre. Es una madre real con una familia real, que enfrenta los desafíos como cualquier otra mamá. Con franqueza, Jodie representa las batallas y victorias de una madre cuyo deseo es ser una mujer piadosa y criar hijos piadosos. Su sentido del humor es vivificante y sus historias te llegarán al corazón. Escuchar cómo Dios trabaja en la vida de los hijos a través de las oraciones de sus madres te impartirá ánimo.

En el preciso momento que oramos en el nombre de Jesús y creemos las promesas de Dios, se libera su poder. Salmos 56.9 declara que cuando pedimos ayuda, nuestros enemigos huyen. Batallamos por la vida misma de nuestros hijos. Qué verdad más reconfortante es saber que cuando una madre justa intercede y usa la Palabra de Dios a favor de sus hijos, él escucha sus oraciones y echa fuera el poder de Satanás. El poder de la Palabra viva puede desbaratar los ataques de Satanás. Sí, la Palabra es el arma más poderosa que podemos empuñar para proteger a nuestros hijos. Me encantó tomarme el tiempo para escribir los nombres de mis hijos en los pasajes recomendados al final de cada capítulo. Fue un tiempo para fortalecer mi fe. También, experimenté la paz de Dios que fluyó en mi alma al orar con fe y creer que Dios respondería mis oraciones.

Cuán gratificante ha sido leer este libro de esperanza. Es un libro que cambia la vida, uno que desearás leer, meditar, orar a lo largo de la lectura y por el cual recibirás ánimo una y otra vez. Mi oración por ti es que Dios, el Espíritu Santo, te aumente la fe al creer con todo tu corazón en las promesas de las Escrituras para tus hijos contenidas en este libro y te impulse a investigar su Palabra por ti misma. También oro para que, al igual que Jodie, experimentes el regocijo de las oraciones contestadas y el apoyo amoroso que surge de orar en compañía de otras madres en los grupos de Madres Unidas para Orar. La batalla por la vida de nuestros hijos se libra en oración. Nunca es tarde para comenzar a orar.

«Padre, utiliza este libro para tu honra y gloria. En el precioso nombre de Jesús, amén».

Agradecimientos

Como en la mayoría de libros, la autoría de este libro se atribuye a una persona. Sin embargo, organizar el material, escribirlo y publicarlo ha sido el resultado del esfuerzo de un equipo. Estoy en deuda con muchas personas por sus aportes, oraciones y apoyo; en especial, con mi grupo de todos los viernes por la mañana de Madres Unidas para Orar (anteriormente Madres que Oran). Gracias, queridas amigas, por su disposición a seguir al Señor y buscar lo mejor de parte de él para nuestros hijos. ¡Qué delicia ha sido orar con ustedes, trabajar juntas en oración y regocijarnos en las maravillosas respuestas de Dios!

Agradezco también a mi otro «equipo de apoyo»: Lucinda, Camille, Scottie y Nancy (cuando está dispuesta a salir de la cama). Nuestras prisas matutinas, que asumimos ante los primeros rayos del sol y la frescura de ideas, nos ayudaron a crear y formar los conceptos en este libro. Podrían ser un grupo focal fantástico, ¡al menos para investigadores de mercado dispuestos a hablar y correr al mismo tiempo!

Asimismo, agradezco el profesionalismo, la experiencia y el apoyo cálido que tan fielmente me brindaron los amigos en Zondervan. Gracias a Sandy Vander Zicht por proporcionarme aportes valiosos desde el principio, y a Cindy Lambert por tomar el balón que es este libro y correr con él. Con toda generosidad, entregaron para este proyecto su sabiduría, habilidades organizativas y madurez espiritual, lo que me permitió llevar a tierra firme unas cuantas ideas tambaleantes sobre los padres que oran.

También quiero agradecer a mis padres, Claire y Allen Rundle, por enseñarme cómo orar. A mis hermanos Jen, May y David por ser mis compañeros de oración de muchos años. A mis suegros, Mary Lou y Billy Berndt, gracias por amarme y animarme como a uno de los suyos.

Brindo un agradecimiento aun mayor a mi esposo, Robbie, la única persona en el mundo que está más feliz que yo al ver este libro terminado. Gracias por amarme, animarme, perseverar conmigo y por llevar a los niños al zoológico en repetidas ocasiones para que terminara el trabajo. Eres un padre maravilloso y un esposo aun mejor.

Y el mayor agradecimiento va para nuestros cuatro amorosos, bulliciosos, estimulantes, generosos, divertidos, egoístas, preciosos e increíblemente hermosos hijos dados por Dios: Hillary, Annesley, Virginia Jane y Robbie. Orar por ustedes y ver la obra de Dios en sus vidas son dos de mis experiencias favoritas de ser madre. Gracias por su paciencia mientras escribía este libro. Y, por favor, cuando crezcan no se enojen conmigo al leer lo que escribí de ustedes. He procurado dejar fuera la mayor parte de las cosas malas.

Finalmente, estoy agradecida con Jesucristo, quien nos enseña a orar, quien siempre intercede por nosotros ante Dios y cuyo sacrificio vivificador hace posible que nos acerquemos con toda confianza en oración al trono de la gracia (Lucas 11.1-4; Hebreos 7.25; 4.16).

Comencemos con la oración

Ésta es la confianza
que tenemos al acercarnos a Dios:
que si pedimos conforme a su voluntad,
él nos oye.

1 Juan 5.14

Los hermanos Grimm cuentan la historia de la Bella Durmiente, la cual inicia con las hadas del reino que le llevan presentes a una pequeña princesa por su bautizo. Una de las hadas le entrega belleza; otra, virtud; la tercera le concede bondad, y así sucesivamente hasta que la princesita tiene todo lo necesario para convertirse en una joven sabia y adorable.

Cuando les leía esa historia a mis pequeñas hijas, solía desear que esas bendiciones llegaran así de fácil: tan solo organizar una fiesta de bautismo e invitar a todas las hadas para que, de presto, tu hija esté cubierta.

No obstante, Dios nos muestra un camino diferente y mejor para concederles esos presentes (y muchos más) a nuestros hijos. Él nos invita a orar. De hecho, según muchos eruditos bíblicos, Dios *exige* que oremos antes de que él pueda hacer su obra. Hace unos 250 años, el evangelista británico John Wesley escribió: «Dios no actúa en la tierra, salvo en respuesta a la oración de fe». Muchos pastores y autores contemporáneos hacen eco de este

15

pensamiento al acentuar, tal como lo hizo el evangelista Andrew Murray en el siglo XIX, que «el dar de Dios está inseparablemente conectado con nuestro pedir».[1]

La Biblia apoya esa conexión. De manera continua, Dios dice: *«Pídeme, y yo…»*, y *«si mi pueblo se humilla y ora […] yo lo escucharé»* y *«pídeme y te será dado»*.[2] Además, existe evidencia en las Escrituras de que, en ocasiones, si no pedimos algo, Dios retiene las bendiciones o la protección que deseaba brindarnos (ver Ezequiel 22.30-31). Sin importar la manera como interpretes pasajes como estos, una cosa es clara: *Dios desea que oremos.*

Como madre, siempre he considerado la oración como una parte natural del proceso de ser padres, y siempre he orado por mis hijos. No obstante, durante mucho tiempo mis oraciones tendieron a un guión de este tipo: «Dios, bendice a Johnny». Le pedía a Dios que ayudara a mis hijos en su examen de ortografía, que los protegiera en las excursiones y que los sanara cuando tenían gripe o fiebre. En pocas ocasiones, mis oraciones eran más creativas que eso, y casi nunca percibía que en verdad tuvieran algún impacto.

Luego, me involucré con un grupo denominado Madres Unidas para Orar (anteriormente Madres que Oran). A la luz de versículos de las Escrituras como Juan 15.7 («Si permanecen en mí y mis palabras permanecen en ustedes, pidan lo que quieran, y se les concederá») y Jeremías 1.12 («[…] porque yo estoy alerta para que se cumpla mi palabra»), la estrategia de Madres Unidas para Orar es utilizar la Biblia, la misma Palabra de Dios, como fundamento de nuestras oraciones.

Te explico lo que quiero decir: versículos como Efesios 4.32 («Más bien, sean bondadosos y compasivos unos con otros, y perdónense mutuamente, así como Dios los perdonó a ustedes en Cristo») pueden transformarse en oraciones maravillosas por nuestros hijos y la manera como se relacionan entre ellos:

———

Oro para que Hillary y Annesley sean bondadosas y compasivas entre sí, que se perdonen como Cristo las perdonó.

———

Versículos como 2 Timoteo 2.22 («Huye de las malas pasiones de la juventud, y esmérate en seguir la justicia, la fe, el amor y la paz, junto con los que invocan al Señor con un corazón limpio») pueden servir como oraciones por los amigos que tus hijos escogen:

———

Oro para que Virginia y Robbie huyan de los deseos malvados y sigan la justicia, la fe, el amor y la paz, y que disfruten de la compañía de otros muchachos que recurren al Señor y tiene corazones puros.

———

Estas oraciones son más interesantes y creativas que las que solía hacer por mí misma. Además, por ser extraídas de la Biblia, poseen el peso total de la Palabra de Dios. Tal como Dios dice en Isaías 55.11: «Así es también la palabra [...] no volverá a mí vacía, sino que hará lo que yo deseo y cumplirá con mis propósitos». También, el autor de Hebreos señala lo siguiente: «Pues la palabra de Dios es viva y poderosa (es activa, operativa, eficaz y llena de energía)».[3]

Al utilizar la Biblia como la base de mis oraciones, estas se tornaron más interesantes, creativas y poderosas; no obstante, aún vacilaba, y me sentía más cómoda sentada en la banca que entrando a la cancha de la «oración seria». Pensaba que la «oración seria» estaba reservada para los *verdaderos* soldados de oración en la vida, aquellos con menos hijos y menos ropa por lavar que yo. No me sentía inspirada al leer sobre cristianos que pasaban horas en oración. De hecho, deseaba renunciar y tirar la toalla de la oración. *No soy tan santa, no soy así*, pensaba.

Entonces conocí a Cynthia Heald, autora de grandes ventas cuyos libros incluyen *Cómo llegar a ser una mujer de oración*. Le dije: «Me encantaría ser una "mujer de oración", pero no lo soy. En mi opinión, si no paso al menos media hora sentada con cuaderno y Biblia en mano y no me pongo a *orar* en serio, mis oraciones no cuentan».

Cynthia me corrigió: «Puedes orar mientras conduces o lavas los platos. Ora al caminar por tu vecindario o al limpiar el baño. No necesitas mucho tiempo de preparación para encontrarte con Dios. Solo acércate y estarás ante él».

Aunque sé que Cynthia Heald nos animaría a apartar un tiempo en nuestras agendas diarias para concentrarnos y orar sin interrupciones, su consejo gentil de «solo hazlo» hizo que comenzara. Empecé a orar mientras conducía, preparaba el almuerzo o limpiaba, incluso, agregué un pequeño truco. Al imaginar el incienso del templo que subía al cielo en los tiempos bíblicos, comencé a utilizar los aromas de Lysol y Tilex como recordatorios «fragantes» para elevar mis oraciones al cielo ¡mientras restregaba el inodoro!

Sin importar cuán limitada esté tu vida de oración, no puede ser más patética que eso.

Amo a mis hijos Hillary, Annesley, Virginia Jane y Robbie. Y sé que amas a los tuyos. No permitas que Satanás te robe el gozo de orar por tus hijos y de ver la obra de Dios en sus vidas al hacerte creer que no eres apta para la tarea.

Los capítulos de este libro tratan diversos temas de oración o aspectos que podrían ser de inquietud para los padres en relación a sus hijos. Cada capítulo incluye historias que ejemplifican los temas tratados y, a pesar de que en ocasiones he cambiado los nombres y detalles pequeños, todas las historias son verdaderas. Me siento agradecida por los padres que estuvieron dispuestos a relatar sus preocupaciones y oraciones en este libro.

Al final de cada capítulo he incluido versículos de la Biblia en forma de oraciones para que los personalices con los nombres de tu familia. Puedes orar con un solo versículo o utilizar todos. Puedes leer y orar a lo largo de los veinte capítulos o escoger las secciones que sean de tu interés. Una vez descubras el contenido de este libro, podrías utilizarlo como una especie de manual de consulta cuando tus hijos atraviesen una situación difícil y necesites ideas frescas para orar.

El pastor y escritor Jack Hayford considera la oración como «la asociación de un hijo de Dios redimido que trabaja mano a mano con Dios en la consecución de sus propósitos redentores sobre la tierra».[4] Ahora que comiences a deslizar tu mano en la mano del Padre celestial y trabajar en oración para ver sus propósitos cumplidos en la vida de tus hijos, oro para que tengas un encuentro cara a cara con el Dios de Efesios 3.20, el único que puede hacer muchísimo más que todo lo que podamos imaginarnos o pedir.

Talvez la Bella Durmiente haya tenido un grupo de hadas en su habitación, pero nosotros tenemos acceso a la cámara del trono del Rey de reyes. Si me tocara escoger, sé cuál escogería.

¿Y tú?

PARTE 1

ORAR
por la **FE** de tu
HIJO

CAPÍTULO 1

Ora por la salvación de tu hijo

*Jesús dijo: «Dejen que los niños vengan a mí,
y no se lo impidan, porque el reino de los cielos
es de quienes son como ellos».*
MATEO 19.14

Julie creció en un hogar donde la asistencia a la iglesia era esporádica y nunca se mencionaba el nombre de Jesús. No fue sino hasta la secundaria que descubrió quién era Cristo en verdad y se convirtió al cristianismo. Años después, cuando se casó con su novio de la secundaria, decidió que las cosas serían diferentes en su familia. Desde su infancia, sus hijos conocerían a Jesús a través de ellos, sus padres, y les enseñarían a amar y temer a Dios. Sin embargo, en lo secreto, Julie se preguntaba si podría hacerlo. Nadie le había enseñado un modelo de vida cristiana en su niñez. ¿Cómo les iba a enseñar a sus hijos algo que no había vivido? ¿Qué pasaría si lo echaba todo a perder? ¿Qué si ellos no respondían? ¿Y si rechazaban su tan preciada fe?

Mollie no tenía dudas. Su esposo y ella entraron a sus anchas al mundo de ser padres. Se armaron de principios recopilados de incontables seminarios, libros y tiempo a solas con Dios. «Limpiaron» su hogar de cualquier cosa que fuese un obstáculo para la fe: los libros, las películas y la música seculares quedaron fuera.

Dieron la bienvenida a las historias bíblicas, la música de alabanza y los juegos y deportes orientados a la familia. De muchas maneras, tenían un «modelo» de familia cristiana unida, hasta que su hijo mayor conoció y se enamoró de una chica musulmana en la universidad. Mollie se preguntaba: *¿qué habían hecho mal? ¿Presionaron demasiado a sus hijos? ¿Podría abandonar su hijo sus convicciones cristianas por esa chica?*

Bárbara llegó al cristianismo cuatro años después de su divorcio, justo cuando sus hijos se hallaban en plena adolescencia. No se hacía ilusiones a causa de sus limitaciones: como madre soltera, era todo lo que podía hacer para salir a flote con los gastos, sin hablar de ofrecerles a sus hijos el apoyo emocional o la orientación que necesitaban. Como la mayoría de sus amigas, Bárbara daba por sentado que sus hijos experimentarían naturalmente las relaciones sexuales, las drogas y el alcohol. Su único deseo era que nadie experimentara un embarazo no deseado. No obstante, cuando Bárbara conoció a Cristo, empezó a cuestionarse: *¿existe esperanza para mis hijos? ¿Acaso el divorcio, sus problemas financieros o la falta absoluta de influencia e instrucción cristianas habían dejado a sus hijos «demasiado lejos» de Dios?*

Julie, Mollie y Bárbara no son sus nombres reales. Sin embargo, esas mujeres son mis amigas, y sus preguntas son genuinas. La buena noticia para ellas (y para nosotros) es que nuestros fracasos no limitan a Dios. Sin importar cuántos errores cometamos como padres, su gracia es más que suficiente para cubrirlos. La mala noticia es que, sin importar cuántas cosas correctas hagamos para encaminar a nuestros hijos hacia Cristo, no podemos *hacer* que amen al Señor. No podemos obligarlos a tener fe ni convencerlos de que la gracia de Dios es real. Tal como Jesús lo dijo en Juan 6.44: «Nadie puede venir a mí si no lo atrae el Padre que me envió».

Si solo Dios puede atraer a las personas, ¿quiere decir que nuestro trabajo como madres (o padres) es simplemente sentarnos y observar? Por supuesto que no. Henry Blackaby, en su libro *Experiencia con Dios*, dice que ver a Dios en acción es la invitación para ajustar nuestras vidas y unirnos a él.[1] Como padres, podemos «unirnos a Dios» en maneras innumerables: podemos contarles a nuestros hijos historias que describan la fidelidad y protección de Dios; podemos modelarles la vida cristiana y presentarles a otros creyentes; podemos enseñarles, animarlos, cantarles y amarlos. Y, sobre todo, podemos orar por ellos.

Entre más pronto reconozcamos que no se trata de lo que *nosotros* hacemos sino de lo que *Dios* hace, más pronto dejaremos de enfocarnos en nosotros mismos y en nuestros defectos, y comenzaremos a enfocarnos en Dios y su poder. De la misma manera, entre más pronto dejemos de preocuparnos por hacer nuestra parte, más pronto nos regocijaremos con el hecho de que Dios está haciendo la suya. Entre más rápido reconozcamos que Dios *está* en acción, más pronto podremos entrar a su trabajo y unirnos a él.

──────── **Principio de oración** ────────

Cuando oras por tus hijos, te alineas con Dios en el trabajo que él está haciendo en sus vidas.

La salvación como punto de partida

Antes de escribir este libro, encuesté a más de cien madres para identificar lo que más deseaban para sus hijos. Mis encuestas informales, insertadas en las tarjetas de Navidad que nuestra familia envió de forma aleatoria a amigos y vecinos, preguntaban de todo: desde salud y seguridad hasta éxito académico y lazos familiares fuertes. Les pedí que revisaran sus cinco deseos o peticiones de oración principales, y, tiempo después, utilicé esa retroalimentación para crear la tabla de contenido de este libro.

En las encuestas, incluí también una sección de «otros», donde podían comentar sobre los temas o agregar sus propios pensamientos. Mi amiga Troy Lee escribió esta historia de cómo Dios respondió sus oraciones a favor de sus hijos:

> Antes de que mis hijos nacieran, oraba para que fueran, *primero,* cristianos y, *segundo,* saludables. Oraba para que el tiempo en el que se nos permitiera disfrutarlos aquí en la tierra fuera suficiente para que recibieran a Cristo como Salvador. En otras palabras, por favor, Dios, permíteles vivir para ser salvos, ya fueran viejos o jóvenes.
>
> Hasta el momento, Dios ha respondido esta petición a favor de dos de mis hijos y de una manera muy significativa en la vida de Abner IV. Debes saber que él murió a los siete años y medio. Siete meses antes de su inesperado fallecimiento, Abner hizo la oración con su padre para recibir a Cristo, y se bautizó a la semana siguiente. Dios le permitió vivir lo suficiente para ser salvo.
>
> El tema se tornó aun más interesante a medida que descubríamos con exactitud la causa de su muerte (determinarla tomó nueve semanas). La fibroelastosis endocárdica es muy rara. Se nos dijo que publicarían el caso de Abner en una revista médica porque en los últimos cuarenta años solamente dos

personas más, en el mundo, habían vivido más allá del primer año de vida con esa condición.

Y me puse a pensar: *Dios le permitió vivir lo suficiente para ser salvo.* ¡Alabado sea él!

¿No te parece un testimonio asombroso? Donde otros solo pueden ver dolor y pérdida, Troy Lee reconoció la mano de Dios y la respuesta a sus oraciones. Sin embargo, podrías preguntar: ¿no era mejor orar para que sus hijos fueran saludables, *sin importar lo demás*? Si lo hubiera hecho de esa forma, ¿se habría evitado la angustia de perder a un hijo?

No puedo responder esas preguntas, no obstante, sé que cuando Troy Lee puso la salvación de sus hijos como prioridad número uno en su lista de oraciones y oró por ello incluso antes de que nacieran, demostró una madurez increíble y un conocimiento profundo. Reconoció lo que muchos no ven: que una relación con el Salvador es más importante que cualquier otra cosa. Un niño puede recibir la bendición de un cuerpo sano, buenas calificaciones, un carácter sobresaliente, la riqueza de la amistad y una beca deportiva para asistir a la universidad de su predilección, pero si no posee una relación con Jesús, todo ello no tiene valor.

Principio de oración

Orar por la salvación de tus hijos es pedirle a Dios que les brinde el único regalo que perdura para siempre.

Nunca te rindas

Aunque la salvación puede ser el punto de partida de nuestras oraciones por nuestros hijos, Dios no siempre responde esta oración en primer lugar. A menudo, pedir para que nuestros hijos conozcan y amen a Dios exige una paciencia increíble, perseverancia y confianza.

Durante más de veinte años, Helen ha orado por sus tres hijos. Dos de ellos aman al Señor, y a uno Helen lo llama «un trabajo en proceso». Cuando observa a las otras madres jóvenes de su iglesia, recuerda los días cuando nutrir la fe de sus hijos resultaba fácil ya que abrían sus pequeños corazones a las historias bíblicas que les leía, las canciones que cantaba y las oraciones que hacía. No obstante, ahora sabe qué es llorar por los hijos, esperar que acepten la fe y clamar a Dios a favor de ellos. Afirma: «Nosotras, las madres de hijos adultos, en verdad nos afligimos cuando no están en el redil».

Aun así, Helen no se desanima. Se sostiene de versículos como Habacuc 2.3 («Aunque [la visión] parezca tardar, espérala; porque sin falta vendrá»), visualiza el día cuando sus tres hijos tendrán una relación fuerte con el Señor y está pronta para animar a otras madres con las mismas promesas que de Dios ha recibido:

- «Así dice el Señor: "reprime tu llanto, las lágrimas de tus ojos, pues tus obras tendrán su recompensa: tus hijos volverán del país enemigo", afirma el Señor. "Se vislumbra esperanza en tu futuro: tus hijos volverán a su patria", afirma el Señor» (Jeremías 31.16-17).
- «El Señor mismo instruirá a todos tus hijos, y grande será su bienestar» (Isaías 54.13).

- «Yo les compensaré a ustedes por los años en que todo lo devoró ese gran ejército de langostas [...] y alabarán el nombre del Señor su Dios, que hará maravillas por ustedes» (Joel 2.25-26).

Sobre la base de promesas como estas, Helen tiene la certeza de que sus oraciones se alinean a la perfección con la voluntad de Dios para la vida de sus hijos. Como leemos en 2 Pedro 3.9: «El Señor no tarda en cumplir su promesa, según entienden algunos la tardanza. Más bien, él tiene paciencia con ustedes, porque no quiere que nadie perezca sino que todos se arrepientan». Dios desea que nuestros hijos sean salvos.

Principio de oración

Cuando oras por la salvación de tus hijos, puedes confiar que tus oraciones están alineadas con la voluntad de Dios.

Preparada para la oración

Si eres como Helen, y si has orado con intensidad y durante mucho tiempo por la salvación de tus hijos, quizá te preguntes por qué Dios aún no ha contestado tus peticiones. La autora Jeanne Hendricks señala el ejemplo de Elisabet, una mujer fiel y recta a pesar del dolor que sufría por no poder concebir. Sin embargo, en lugar de amargarse por la falta de respuesta a sus oraciones, escogió confiar en Dios y esperar en él. En consecuencia, obtuvo una fortaleza interior que, Hendricks afirma, le permitió convertirse en «una mujer más fuerte y una mejor madre».[2] Con el paso del tiempo, Elisabet dio a luz a Juan el Bautista, y Dios la utilizó para animar y fortalecer a María, la madre de Jesús.[3]

Hendricks dice que «la paciencia piadosa es el arte de permitir que sea Dios quien establezca el tiempo». Ya sea que recién comiences a orar por tus hijos o que has pasado años llevándolos en oración ante el Señor, te presento tres pasos que puedes dar para desarrollar la paciencia piadosa y la misma fortaleza interior que sustentó a Elisabet:

Primero, ora con una actitud de agradecimiento. Colosenses 4.2 dice: «Dedíquense a la oración: perseveren en ella con agradecimiento». Recuerda que Dios ama a tus hijos, y no desea que perezcan. Agradécele por la obra que está haciendo en sus vidas, aun cuando no la veas de inmediato.

Luego, edifica tu fe. Memoriza versículos como 1 Juan 5.14-15: «Ésta es la confianza que tenemos al acercarnos a Dios: que si pedimos conforme a su voluntad, él nos oye. Y si sabemos que Dios oye todas nuestras oraciones, podemos estar seguros de que ya tenemos lo que le hemos pedido». Pídele a Dios que te muestre las promesas de su Palabra y conviértelas en el enfoque principal de tu vida de oración. Si gustas, puedes echar mano de los versículos al final de este capítulo y escribir el nombre de tu hijo en los espacios en blanco para convertirlos en oraciones personales.

Finalmente, sé persistente. En Lucas 18.1, Jesús nos dice que «deberíamos orar siempre, sin desanimarnos». Ya sea que oremos por la salvación de nuestros hijos o por cualquier otra cosa, podemos beneficiarnos del consejo que se halla en Hebreos: «Ustedes necesitan perseverar para que, después de haber cumplido la voluntad de Dios, reciban lo que él ha prometido».[4]

Oraciones que puedes utilizar

Padre celestial...

Quita el velo de los ojos de _____, de manera que pueda ver la luz del evangelio. Ilumina su corazón con tu luz y bríndale la luz de conocimiento de tu gloria en la faz de Cristo.

2 Corintios 4.4-6

Coloca personas en la vida de _____ que gentilmente la instruyan y la dirijan al arrepentimiento para conocer la verdad. Despierta a _____ para que escape de la trampa del diablo, quien la tiene cautiva a su voluntad.

2 Timoteo 2.25-26

Abre los ojos de _____ y conviértelo de las tinieblas a la luz y del poder de Satanás al de Dios, para así recibir el perdón de sus pecados y un lugar entre los santificados por la fe en Cristo.

Hechos 26.18

No permitas que el pasado atrape a _____. Recuérdale que si está en Cristo, es nueva creación, ¡Lo viejo ha pasado, ha llegado ya lo nuevo!

2 Corintios 5.17

Oro para que _____ *confiese con su boca que Jesús es el Señor, y que crea en su corazón que has levantado a Cristo de entre los muertos. Que invoque tu nombre y sea salvo.*

ROMANOS 10.9, 13

Te agradezco por amar a _____ *de tal manera que diste a tu Hijo unigénito para que cuando* _____ *crea no se pierda, sino que tenga vida eterna.* JUAN 3.16

Oro para que _____ *siga viviendo en Cristo, arraigado y edificado en él, confirmado en la fe, como se le enseñó, y lleno de gratitud.* COLOSENSES 2.6-7

Considera a _____ *como parte de tu pueblo y sé su Dios. Dale coherencia entre su pensamiento y su conducta, a fin de que siempre te tema por su propio bien y el de sus hijos. Establece con* _____ *un pacto eterno. Nunca dejes de mostrarle tu favor y pon en ella tu temor para que nunca se aparte de ti.*

JEREMÍAS 32.39-40

Deposita un espíritu nuevo en _____. *Arranca el corazón de piedra y dale un corazón de carne. Haz que* _____ *siga tus decretos y guarde tus leyes. Hazle saber que te pertenece y que tú eres su Dios.* EZEQUIEL 11.19

Oro para que _____ *confíe en ti y nunca sea conmovida.*

SALMOS 125.1

Oro para que _____ *se arraigue y afirme en amor, y que pueda comprender junto con todos los santos cuán ancho y largo, alto y profundo es el amor de Cristo; en fin, que conozca ese amor que sobrepasa nuestro conocimiento, que* _____ *pueda ser lleno de la plenitud de Dios.*

EFESIOS 3.18-19

CAPÍTULO 2

Ora para que tu hijo ame la Palabra de Dios

En mi corazón atesoro tus dichos
para no pecar contra ti.
SALMOS 119.11

Detuve mi trabajo en el jardín para contemplar a mis dos hijos menores, Virginia y Robbie, que mantenían una conversación divertida. Era una escena hermosa: estaban sentados sobre la grama, y los rayos del sol iluminaban sus cabezas pequeñas y rubias, por lo que no pude evitar deslizarme lentamente para escuchar. Tomé la pala y la maceta, y me acerqué con cuidado para fingir que plantaba unos cuantos geranios.

Mientras yo jugueteaba con las flores, Virginia, de cinco años, arrancó un puñado de hojas de laurel manchado largas y verdes de un arbusto cercano y le dio varias a su hermano de tres años. «Ahora, agítalas», le ordenó.

Robbie obedeció, y Virginia siguió la plática: «... Ellos le vieron sentado sobre un burro, y agitaron sus ramas diciendo: "¡Hosanna! ¡Hosanna! Bendito el que viene en el nombre del Señor"».

Al verlos agitar las hojas y dramatizar la vida de Jesús en sus últimos días sobre la tierra, quise reír con fuerza, más por deleite que por diversión. Virginia relataba la historia con tal pasión (¡Robbie, le pusieron *clavos* en sus manos! ¡CLAVOS!) que pronto el pequeño dúo me absorbió, y me sentí sobrecogida por el poder de sus palabras simples. Con el lenguaje de una niña de cinco años, Virginia logró comunicar la angustia de la cruz, el temor y la confusión de los seguidores de Cristo y la increíble victoria de la resurrección, todo eso en tan solo dos minutos.

De pronto, Virginia concluyó repentinamente y rompió el encanto al decir: «Ahora, te toca a *ti* decir la historia, Robbie. Comienza con la parte cuando los discípulos encuentran al burro».

La Palabra de Dios: luz guiadora y escudo protector

Tal como la anécdota anterior lo ejemplifica, el amor por las Escrituras puede comenzar a una edad temprana. Las madres que leemos «en voz alta» conocemos bien el gozo impregnado de cariño que resulta de abrazar a un pequeñito en nuestro regazo o arroparlo antes de dormir y contarle una aventura que cobra vida de las páginas de una Biblia infantil ilustrada a todo color.

No obstante, esos rituales de antes de ir a la cama son solo el comienzo. Salmos 119.105 asemeja la Palabra de Dios, sus leyes, mandamientos y ordenanzas, a una lámpara que ilumina nuestro camino. Quizá no haya otro tiempo cuando esa luz guiadora se vuelve tan necesaria (¡y tan bienvenida!) que cuando nuestros hijos se han ido de nuestro regazo, cuando surgen relaciones de grupo, cuando aumenta la exigencia académica y cuando otras presiones pueden producir una nube de confusión en sus vidas.

Sin duda alguna, nuestras oraciones son la primera línea de defensa contra esas nubes y contra los planes y ataques satánicos que, a menudo, se esconden tras ellas. No erremos: Satanás quiere destruir a nuestras familias, y siempre busca maneras de plantar la semilla de tensión, rebelión y destrucción. Tal como

1 Pedro 5.8 nos advierte: «Su enemigo el diablo ronda como león rugiente, buscando a quién devorar». Así como la oración es tan importante para nosotras, es igualmente vital para nuestros hijos estar preparados para resistir los ataques de Satanás cuando sea que estos vengan. Y su primera defensa contra las presiones y tentaciones del diablo es el conocimiento y la aplicación de las Escrituras acompañados de la oración.

Principio de oración

Orar para que tus hijos conozcan, amen y utilicen la Palabra de Dios es una de las maneras más eficaces de orar por su protección espiritual.

Aprender de Jesús

Presento un ejemplo de cómo funciona esa línea de defensa. En Lucas 4, el diablo encuentra a Jesús en el desierto, y lo halla solo y hambriento. «Dile a esta piedra que se convierta en pan», propuso Satanás. Jesús entonces le responde: «Escrito está: "No sólo de pan vive el hombre"».

Luego, Satanás le muestra todos los reinos del mundo. El maligno entonces le dice: «Si me adoras, todo será tuyo». Nuevamente, Jesús no argumenta, solo responde: «Escrito está: "Adora al Señor tu Dios y sírvele solamente a él"».

Finalmente, Satanás lleva a Jesús a la parte más alta del templo y le dice (mi paráfrasis): «Si eres el hijo de Dios, lánzate desde aquí. Los ángeles te levantarán con sus manos, ¡no te lastimarás!». Una vez más, Jesús no se traga el anzuelo y cita otro verso de las Escrituras: «También está escrito: "No pongas a prueba al Señor tu Dios"».

Jesús desmorona las estrategias del diablo, no con su habilidad intelectual, fuerza física o voluntad, sino con el conocimiento y la utilización de la Palabra de Dios. De igual manera, el niño o el adolescente que ha pasado de las historias de antes de dormir al punto en el que conoce y ama la Biblia, estará mejor equipado para resistir los ataques y las tentaciones que se le pongan en su camino. Las presiones no desaparecen, más bien, son más fáciles de manejar, gracias a las lecciones aprendidas de las Escrituras.

Dios no busca limitar nuestra libertad con sus mandamientos. Al contrario, su propósito es protegernos y mostrarnos cómo vivir una vida plena. Oremos para que nuestros hijos se apropien de la Palabra de Dios por lo que es: una luz guiadora que ilumina el camino hacia las bendiciones de Dios. Oremos, según Salmos 119.11, para que nuestros hijos amen la Palabra de Dios, la atesoren en sus corazones para que no pequen contra el Señor ni interfieran en las bendiciones que él quiera proporcionarles.

Principio de oración

Cuando le pides a Dios que atesore su Palabra en el corazón de tus hijos, estás orando para que reciban la bendición de la sabiduría, la protección y la libertad.

La transformación de un adolescente

Nuestros amigos Gail y Tim tienen cuatro hijos inteligentes y dinámicos. Gail es una de las madres con más energía que conozco, y siempre aparece con nuevas ideas para los devocionales familiares y las celebraciones cristocéntricas. Sin embargo, hace un tiempo me confesó que le era muy difícil lidiar con las necesidades cambiantes de sus cuatro hijos.

Su hija mayor, Emily, acababa de ingresar a la secundaria. Los temas devocionales que atraían a los hijos más pequeños no captaban la atención de la adolescente, y las presiones de las tareas, las amistades y los deportes que practicaba después de la jornada escolar limitaban el tiempo que Emily estaba dispuesta a dedicar para orar o estudiar la Biblia. Gail me confesó: «Podría forzarla a participar. Pero lo que Tim y yo en realidad deseamos, y por lo cual oramos con insistencia, es ver a Emily tomar la iniciativa por sí misma».

Unos meses después, Dios contestó sus oraciones cuando Emily se voluntarió para participar en una carrera durante un campamento de verano organizado por Young Life, una organización nacional que predica el evangelio entre estudiantes de secundaria. Ahí entabló amistades con otros adolescentes del equipo de trabajo, y, casi sin percatarse, comenzó a imitar los hábitos de los otros voluntarios. Comenzó a dedicar tiempo a la lectura de la Biblia, y se le veía deseosa de hablar de lo que había leído con los demás compañeros.

Emily permaneció un mes en el campamento, y, al regresar, Gail y Tim notaron la transformación de inmediato. Gail se sintió complacida cuando Emily decidió darle a su mejor amiga un libro de devocionales de manera que juntas pudieran estudiar la Biblia. Emily parecía una nueva persona. Para las últimas semanas del verano, su fe parecía haber crecido a pasos agigantados.

Luego, iniciaron las clases, y no había pasado ni una semana cuando «la vieja Emily» comenzó a reaparecer. Se ganó un lugar en el equipo principal de fútbol de su escuela y eso, sumado a la fuerte carga académica de su programa de preparación universitaria, le restringía el tiempo para reunirse con sus amigos e incluso para leer la Biblia o estudiarla. «Está muy estresada. Por favor, ora por ella», me dijo Gail.

Oré por Emily. Al hacerlo recordaba la parábola del sembrador descrita en Lucas 8.1-15. En esa parábola, un sembrador plantó su semilla. Parte de esa semilla cayó junto al camino, donde fue pisoteada y las aves la comieron. Otra cayó entre rocas, donde murió por falta de humedad. Otra semilla fue a parar entre espinos, los cuales crecieron y la ahogaron. Finalmente, una parte cayó en buena tierra y dio fruto al ciento por uno.

Para responder las preguntas de sus discípulos, Jesús les explicó la parábola. «La semilla es la Palabra de Dios», les dijo. Cada suelo (el camino, las rocas, los espinos y la buena tierra) representa las diferentes condiciones del corazón humano. Mientras oraba por Emily, se me venía a la mente el cuadro de una semilla saludable ahogada entre los espinos de las tareas, los deportes, la presión de grupo, las amistades, la vida familiar y los horarios apretados. Comencé a orar en concordancia con Lucas 8.15, para que el corazón de Emily fuera una «buena tierra» y que «escuchara la Palabra, la retuviera y perseverara para producir una buena cosecha».

Mientras escribo esto, Gail y yo aún esperamos ver cómo Dios contestará nuestras peticiones. Aunque no sabemos cómo será su respuesta, confiamos que *vendrá*, ya que Dios siempre cumple sus promesas. Una de esas promesas la encontramos en Mateo 18.19-20: «Además les digo que si dos de ustedes en la tierra se ponen de acuerdo sobre cualquier cosa que pidan, les será concedida por mi Padre que está en el cielo. Porque donde dos o tres se reúnen en mi nombre, allí estoy yo en medio de ellos». Me siento privilegiada de estar de acuerdo con Gail para orar por su hija, y tengo sus oraciones por mis hijos como una de las más grandes bendiciones de nuestra amistad.

─────────── Principio de oración ───────────

Contar con el apoyo de un compañero de oración mul-
tiplica el poder de tus oraciones e invita a Dios a ser
parte de ese círculo de oración.

Preparada para la oración

Una de las mejores maneras de fomentar el amor por la Palabra de Dios es animar a nuestros hijos a memorizar las Escrituras. En especial, los niños pequeños poseen la capacidad casi ilimitada de memorización, algo que aprendí cuando Hillary, de tan solo tres años, recitó por completo el preámbulo del video de la historia de la Bella y la Bestia, palabra por palabra. Para mí, eso bastó para comprender que cualquier niño que puede recitar un guión de Hollywood ¡puede con certeza aprender un par de versículos bíblicos!

El otro día, me dio risa cuando mi amiga Susan me contó cuán diestra era su hija, Christie Ray, en la memorización de la Biblia. De hecho, Susan le sugirió a la niña de tercer grado que considerara utilizar su habilidad como un «talento» en la competencia de talentos de su escuela. No es una sorpresa que Christie Ray se opusiera a la idea; no obstante, a mí me encantó, y me emocioné por lo que Dios puede hacer en la vida de una niña que con diligencia atesora su Palabra en su corazón. También me emociona la protección que el «talento» de Christie Ray le ofrece. Recuerdo haber escuchado de un aspirante a estafador que descubrió que, cada vez que trataba de engañar a alguien, los versículos de la Biblia aprendidos en la niñez saltaban en su mente, ¡y lo mantenían a raya!

Desde la provisión de dirección hasta el ofrecimiento de protección, la Biblia está llena de promesas que atañen a la Palabra de Dios y su utilidad para nuestras vidas. Además de las oraciones que aparecen al final de este capítulo, puedes echar mano de una concordancia y encontrar otros pasajes sobre este tema. Comienza por buscar términos como «palabra» y «mandamiento». Encontrarás un tesoro escondido de promesas poderosas que le darán forma a las oraciones por tu familia.

Oraciones que puedes utilizar

Padre celestial...

Permite que _____ guarde tus palabras y cumpla tus mandamientos para que viva. Haz que cuide tus enseñanzas como la niña de sus ojos, y que las anote en la tablilla de su corazón.

PROVERBIOS 7.2-3

Muéstrale a _____ que tu camino es perfecto y tu palabra intachable. Sé su escudo cuando se refugie en ti.

2 SAMUEL 22.31

Muéstrale a _____ que toda la Escritura es inspirada por Dios y útil para enseñar, para reprender, para corregir y para instruir en la justicia.

2 TIMOTEO 3.16

Permite que el corazón de _____ sea buena tierra, que escuche tu Palabra, la retenga, persevere y coseche un carácter piadoso y eficacia para tu reino. No dejes que Satanás quite la Palabra del corazón de _____, y no permitas que las preocupaciones, las riquezas y los placeres de esta vida ahoguen tu Palabra y la hagan infructuosa en su vida. Haz que las raíces profundicen y permanezca firme en tiempos de prueba.

LUCAS 8.11-15

Permite que _____ se deleite en tu ley, y que medite en ella de día y de noche, para que todo cuanto haga prospere.

SALMOS 1.1-3

Enséñale a _____ a conocer tus mandamientos y obedecerlos para mostrar su amor por ti. Déjale conocer la recompensa prometida: «Y al que me ama, mi Padre lo amará, y yo también lo amaré y me manifestaré a él». Ámalo y manifiéstate a él, Señor.

JUAN 14.21

No permitas que _____ solo escuche la Palabra y se engañe a sí mismo. Haz que la practique.

SANTIAGO 1.22

Permite que la Palabra de Cristo habite en _____ con abundancia cuando él y sus amigos se instruyan y se aconsejen los unos a los otros con toda sabiduría, y canten salmos, himnos y canciones espirituales de gratitud en sus corazones hacia Dios.

COLOSENSES 3.16

Haz que _____ no viva solo de pan, sino de toda Palabra que viene de la boca de Dios.   MATEO 4.4

Que tu Palabra sea una lámpara para los pies de _____ e ilumine su sendero.   SALMOS 119.105

CAPÍTULO 3

Ora por los dones de tu hijo

Cada uno ponga al servicio de los demás
el don que haya recibido, administrando fielmente
la gracia de Dios en sus diversas formas.
1 PEDRO 4.10

Cuando nuestra hija Annesley tenía tres años, le gustaba armar rompecabezas. Tenía un método inusual: en lugar de encajar las piezas de las orillas o armar ciertas secciones del cuadro, de manera metódica, como si fuera una niña computadora con cabello rubio, trabajaba de izquierda a derecha buscando encajar cada una de las doscientas o trescientas pequeñas piezas en secuencia. A paso lento pero seguro, el cuadro se revelaba como si una mano invisible abriera la cortina.

Posteriormente, cuando aprendió a escribir, Annesley se convirtió en una creadora de listas. Por la noche, escogía la ropa que usaría para ir a la escuela al día siguiente, y elaboraba una lista de la ropa y de cómo debería usarla («subir las calcetas hasta las rodillas»), la cual colocaba sobre la pila de ropa, solo por si acaso olvidaba algo. En la última víspera de Año Nuevo, la encontré haciendo una lista de diez propósitos cuidadosamente definidos, y todos estaban escritos en letras mayúsculas: HABLAR CON DIOS TODOS LOS DÍAS, HACER EJERCICIO TODOS LOS SÁBADOS, COMPLETAR LAS TAREAS ANTES DE CUALQUIER COSA...

Además de hacer listas, Annesley gusta de limpiar sus gavetas, etiquetar su closet de acuerdo a la estación del año y mantener un registro de tareas, compromisos y vacaciones familiares en el calendario que le regalaron en la clínica del ortodoncista. Durante mucho tiempo, consideré esta conducta como algo más que una simple peculiaridad graciosa. Después de todo, ninguno de mis otros hijos era tan compulsivo, y tampoco conocía otra niña de siete u ocho años que suplicara por hacer cuadros de las tareas domésticas que la familia debía seguir.

Me da pena admitirlo, pero no fue sino hasta que comencé a hacer mis investigaciones para este capítulo que me di cuenta del *don* que Annesley tiene para la organización. Ella es más que una creadora de listas: hace que los trabajos difíciles parezcan fáciles, presta atención a los detalles y puede visualizar una meta y decidir los pasos necesarios para alcanzarla. Posee un talento especial dado por Dios.

La conferencista y escritora Susan Alexander Yates aconseja a los padres prestar atención a los dones que Dios les ha dado a los hijos, y nos brinda luz sobre el hecho de que Dios entrega esos talentos o habilidades con un propósito. «La noción de un destino empujará a nuestros hijos», dice la autora. «Si identifican los dones que poseen estarán en mejores condiciones para discernir con claridad las formas en las cuales Dios podría usarlos».[1]

Dos días después de leer el consejo de Susan, tuve la oportunidad de ponerlo en práctica. Con mis hijos regresábamos de la escuela a la casa cuando Annesley soltó sus planes: «Cuando llegue a casa, empacaré mis cosas para la fiesta de pijamas de mañana, comeré el refrigerio y haré la tarea, ¿de acuerdo, mamá?».

Le respondí: «Annesley, en verdad aprecio lo organizada que eres. Dios te ha dado un don especial. ¿No sería interesante ver cómo usa tus talentos para bendecir a otros?».

Sentí una punzada en el corazón al ver el rostro de Annesley. Brillaba en extremo. Al notar su reacción a mis palabras, descubrí que raras veces, si acaso alguna vez, había mencionado su talento para la organización, y que nunca le había dicho lo agradecida que me sentía porque Dios la hubiera bendecido de esa manera. ¿Cómo pude ser tan negligente? No lo sé. Pero hay algo de lo que estoy segura: nunca más volveré a perder la oportunidad de remarcar los dones de mis hijos y de alentarlos a emplearlos para el reino de Dios.

Principio de oración

Orar para que tus hijos identifiquen sus dones les ayudará a obtener una noción de destino cuando consideren las formas como Dios puede usarlos.

Diamantes en bruto

En Santiago 1.17 leemos: «Toda buena dádiva y todo don perfecto descienden de lo alto». Sin embargo, aunque los dones de Dios son perfectos, no siempre los empleamos de la manera correcta. Los dones perfectos en manos de personas imperfectas pueden asemejarse más a las deudas que a los valores en el ámbito financiero.

Por ejemplo, a menudo, los organizadores son buenos para delegar, pero pueden ser mandones. Logran visualizar cómo ejecutar un trabajo pero no pueden explicarlo con claridad de manera que los demás también lo visualicen. Tienden a priorizar los proyectos por encima de las personas. ¿Cómo lo sé? Porque soy una organizadora, y ya que ambas tenemos el mismo don, oro para que Annesley evite mi tendencia a utilizarlo de manera incorrecta.

A los padres nos ayuda saber que los dones se pueden emplear de forma incorrecta, ya que dejamos de enfocarnos en las características negativas de nuestros hijos y comenzamos a nutrir sus talentos y habilidades latentes. Por ejemplo, en su edad preescolar, Hillary era tímida, callada y, en ocasiones, demasiado sensible. No obstante, a medida que su relación con el Señor crece, veo que esas características florecen en dones de gentileza, compasión y misericordia. A sus diez años está mejor preparada que nosotros para hablar con un niño que sufre o es solitario, y ya demuestra ser sensible al Espíritu Santo.

De la misma forma, un día el rasgo testarudo de independencia de Virginia, de cinco años, le permitirá resistir la presión de grupo (¡oramos para que así sea!) y proclamar el evangelio sin importar lo que otros piensen de ella. Y quién sabe si, con el tiempo, la tendencia de Robbie, de tres años, de esconder dulces bajo la almohada y guardar las monedas de uno y cinco centavos que encuentra en la casa resulte ser sinónimo del ahorro, la determinación y el discernimiento financiero que caracterizan a quienes poseen el don de dar.

La próxima vez que tu hijo de diez años posponga su tarea escolar para poder cuidar a los hijos pequeños de tu amiga cuando lleguen de visita, agradécele a Dios por haberle dado el don del servicio. O cuando tu hija adolescente regañe a su hermano menor por dejar el reproductor de discos compactos encendido toda la noche, considera que podría poseer un fuerte sentido del bien y del mal que a menudo caracteriza a los profetas de Dios. Y cuando tu hijo de doce años no llegue a casa a tiempo para cenar por estar hablando con el hombre que enviudó recientemente y vive al final de la calle, piensa que quizá tu hijo tiene el don de la misericordia.

Por supuesto, no sugiero que toleremos la irresponsabilidad, las palabras groseras o la desobediencia. Por el contrario, necesitamos hacer lo posible por corregir a nuestros hijos cuando se desvíen del camino o muestren señales de utilizar sus dones de manera incorrecta. Sin embargo, cuando nuestros hijos nos frustren o decepcionen (sin duda, lo harán), pidámosle a Dios que nos revele cómo transformar sus errores o faltas en oportunidades para pulir sus talentos. Después de todo, incluso los diamantes más brillantes comienzan como nódulos opacos y grisáceos.

Principio de oración

Cuando le pides a Dios que te ayude a identificar y apreciar los dones únicos que les ha concedido a tus hijos, lo invitas a que te revele la forma como él los ve: como diamantes relucientes en bruto.

Encajar en el plan de Dios

Nuestros amigos Pelle y Evie tienen dos hijos que, a todas luces, son de los muchachos más talentosos que conocemos. Desde una edad temprana, Jenny mostraba talento para hablar en público y las comunicaciones. Por su parte, su hermano mayor, Kris, se distinguió por ser un músico talentoso y un niño genio de la tecnología. Para el tiempo en que iniciaron la secundaria, los chicos habían hecho cosas que muchos adultos solo sueñan hacer: escribir, producir y actuar en programas de televisión diseñados para transmitir el evangelio a los niños.

Pelle cree que tales logros no son accidentales. En alusión al profeta Jeremías, Pelle dice que Dios nos conoce antes de nacer, y establece un plan para nosotros desde el comienzo. «Tendemos a pensar que Dios nos observa y dice: "Oh, mira lo talentoso que es. Creo que lo utilizaré para hacer esto y lo otro". Pero, en realidad, Dios nos entrega dones y talentos mucho antes de que seamos capaces de hacer algo. Él apartó a Jeremías para ser profeta cuando aún lloraba en su cuna. Nadie más lo sabía, solo Dios», afirma Pelle.[2]

Pelle y Evie están agradecidos por la creatividad que sus hijos demuestran. Aun así, reconocen que a los padres (y a los hijos) les resulta extremadamente fácil ser consumidos por el talento de un niño. Efesios 4.12 dice que los dones dados por Dios son para la edificación del cuerpo de Cristo, pero tales dones pueden emplearse para propósitos carnales y terrenales. «Nuestro trabajo no consiste tanto en desarrollar los talentos y dones de los hijos como en animarlos a permanecer cerca del Señor. A menudo les decimos a nuestros hijos que no importa lo que hagan, sea sencillo o grandioso, si tan solo caminan cerca de él. *Allí* es donde serán en verdad exitosos y capaces de realizar la obra de Dios», asegura Pelle.

Principio de oración

Orar para que tus hijos permanezcan cerca del Señor puede ayudarles a emplear sus dones y talentos para lograr los propósitos de Dios.

Preparada para la oración

Cuando Jesús se les apareció a los discípulos después de su resurrección, les pidió esperar el don que Dios les enviaría, un don que les proporcionaría el poder para expandir el evangelio hasta el fin de la tierra.[3] Ese don era el Espíritu Santo, y tal como Dios lo prometió a los discípulos, nos lo promete a nosotros. Lucas 11.13 dice: «Pues si ustedes, aun siendo malos, saben dar cosas buenas a sus hijos, ¡cuánto más el Padre celestial dará el Espíritu Santo a quienes se lo pidan!».

¿Deseas que la vida de tus hijos tenga gozo? ¿Quieres que muestren contentamiento y gratitud? ¿Quieres que sean personas que animen a otros, sepan escuchar y les apasione llevar otras personas a Cristo? ¿Te encantaría verlos ejercitar la creatividad que Dios les ha dado a través de la música, las artes y las habilidades mecánicas? Todos estos dones (y muchos más) vienen de Dios mismo y se manifiestan en nuestras vidas a través de la obra del Espíritu Santo.

Si orar porque el Espíritu Santo trabaje en la vida de nuestros hijos te parece un concepto poco conocido, deberías estudiar cómo el Espíritu de Dios trabaja, el tipo de dones que concede y la forma como a los cristianos se les pide que los utilicen. Comienza con pasajes como Hechos 2, Gálatas 5 y 1 Corintios 12 y 14; luego, si quieres profundizar, consigue una concordancia y busca palabras como *Espíritu* y *dones*.

Como padres, deseamos darles a nuestros hijos lo mejor. Asimismo, nuestro Padre celestial anhela bañarlos con bendiciones y equiparlos con lo necesario para que lo amen y le sirvan con intensidad y eficiencia. Cuando pienses en los regalos que deseas para tus hijos, piensa en grande. Pídele a Dios que derrame sobre ellos poder a través del Espíritu Santo, y luego sé testigo de sus bendiciones: dones, talentos y habilidades mucho mejores de lo que pudiste imaginar.

Oraciones que puedes utilizar

Padre celestial...

Permite que _____ emplee sus dones para servir a otros con fidelidad y que administre tu gracia en sus diversas formas, de manera que en todas las cosas tú seas alabado y recibas la gloria.

1 PEDRO 4.10-11

Muéstrale a _____ cómo utilizar sus dones y talentos con sabiduría, además de ser fiel con las habilidades que le has dado.

MATEO 25.21

Gracias por el don especial que le has dado _____. Muéstrale la diferencia entre su don y el de los demás, y permítele administrarlo con generosidad, diligencia y alegría.

ROMANOS 12.6-8

Haz que _____ utilice su don para el bien común, y reconozca cómo este encaja en el cuerpo de Cristo. Que emplee sus habilidades especiales para edificar y complementar a otros.

1 CORINTIOS 12.7-26

Tú constituiste a unos, apóstoles; a otros, profetas; a otros, evangelistas; y a otros, pastores y maestros. Muéstrale a _____ dónde encaja dentro de tu divina estructura, y permítele utilizar *sus dones para capacitar a tu pueblo para la obra del servicio, para que el cuerpo de Cristo sea edificado en amor.*

EFESIOS 4.11-16

Que _____ utilice sus dones y talentos para tu gloria.

1 CORINTIOS 10.31

Haz que _____ sea diligente y desarrolle sus dones y talentos de tal forma que sea «diestro en su trabajo» y «se codee con los reyes». Que use sus habilidades para cumplir tus propósitos.

PROVERBIOS 22.29

Dale a _____ una noción de destino, y muéstrale que la apartaste y la elegiste con sus dones y talentos incluso antes de nacer.

JEREMÍAS 1.5

Cuando _____ considere sus dones, haz que no confíe en su inteligencia, sino que te reconozca en todos sus caminos de tal forma que tú, su creador y quien le ha dado sus dones, allanes sus sendas.

PROVERBIOS 3.5-6

Capacita a _____ en todo lo bueno para hacer tu voluntad.

HEBREOS 13.21

CAPÍTULO 4

Ora para que tu hijo proclame el reino de Dios

Ustedes son la luz del mundo.
MATEO 5.14

Me encantan los viernes por la mañana. Es cuando me reúno con muchas otras madres para orar por nuestros hijos, sus maestros y la comunidad escolar. Además de interceder por las necesidades personales de nuestros hijos, utilizamos diferentes versículos de la Biblia como base para una oración general que puede aplicarse a cada uno de los chicos.

Una mañana, nuestra petición grupal basada en las Escrituras consistió en que nuestros hijos fueran valientes para proclamar el evangelio, que permanecieran alertas a las oportunidades de predicarlo entre sus compañeros. Ya que formamos parte de una comunidad escolar pública, sabemos que es un área sensible, sin embargo, sabemos que Dios puede abrir puertas. Ese día oramos de acuerdo con Efesios 5.15-16, para que nuestros hijos tuvieran cuidado en su manera de vivir, no como necios, sino como sabios, aprovechando al máximo cada momento.

Durante las siguientes dos o tres semanas, seguimos orando por nuevas peticiones, sin pensar en el evangelismo durante ese tiempo. Entonces, una mañana, Callie llegó con el rostro rojo por la emoción. Nos preguntó: «¿Recuerdan cuando oramos para que nuestros hijos fueran valientes para proclamar el evangelio y permanecieran alertas a las oportunidades para hablar de su fe? Bueno, escuchen esto...».

Callie comenzó recordándonos a un chico llamado Eddie, estudiante de segundo grado, cuyo mal comportamiento era casi legendario en nuestra escuela. Todas sabíamos de Eddie; las anécdotas que nuestros hijos nos relataban en casa solían catapultarlo como prioridad número uno en nuestras listas de oración, y quienes habíamos ayudado voluntariamente en el salón de Eddie, sabíamos de primera mano cuán perturbador podía ser. Cuando pensábamos en él, a menudo pedíamos por su maestra, la señorita Harrison, para que Dios le brindara una medida extra de sabiduría, paciencia y amor.

De manera instintiva, muchos chicos intentaban alejarse de él, pero el hijo de Callie, Brandon, tomó una actitud diferente. Se hicieron amigos. Brandon lo invitaba a participar en partidos y a jugar en el patio de recreo, donde, de otra manera, lo hubieran ignorado. Un día, cuando la señorita Harrison asignó a sus alumnos la tarea de escribir una carta para alguien, Brandon decidió escribírsela a Eddie.

Cuando llegó el momento de entregar las cartas, los chicos que habían escrito cartas para sus padres, abuelos o vecinos las metieron en sus mochilas para llevarlas a casa. Pero Brandon puso la carta sobre el pupitre de Eddie. Él la abrió con emoción, pero al ver la hoja de papel, su rostro desfalleció. No podía leer lo suficientemente bien para entender más allá de las primeras palabras.

Al entender el problema, pero sin querer llamar la atención, Brandon, en voz baja, le pidió permiso a la señorita Harrison para leerle la carta a Eddie.

Resultó que al igual que Brandon, la señorita Harrison amaba a Dios y a Eddie. «Claro», respondió, «lo puedes hacer hoy en el recreo».

Esa tarde, los dos niños se sentaron en un tronco a la sombra de un roble viejo, ajenos a los gritos ruidosos y al juego alegre de los demás a su alrededor. Eddie extrajo la carta de su bolsillo y, acercándose para escuchar mejor, esperó a que Brandon la leyera.

Querido Eddie:
Por favor, pídele a Jesús entrar a tu corazón. Estas son las razones:
1. Jesús murió en la cruz por tus pecados.
2. Tendrás vida eterna.
3. Dios (el padre de Jesús) es hacedor y creador de todo.
4. Irás al cielo.
5. Puedes tener lo que quieras en el cielo.
6. Te estaré esperando.
7. Dios te estará esperando.
8. Jesús te estará esperando.
9. Puedes hacer lo que quieras en el cielo.
P. D. Todo lo que tienes que hacer es bajar tu cabeza ahora y decir: «Querido Señor, quiero que Jesús entre en mi corazón para así tener vida eterna». Amén.

Eddie se recostó y pensó en esas palabras. Fue entonces que Brandon preguntó con cautela: «¿Te gustaría orar y pedirle a Jesús que entre en tu corazón ahora mismo?».

Eddie miró los ojos de su amigo y respondió con voz suave: «Sí».

Sentados a la orilla del patio de recreo, los dos chicos inclinaron sus cabezas para orar, y Brandon condujo a su amigo al reino de Dios.

Cuando Callie concluyó su relato, la mayoría de las presentes llorábamos tanto por el milagro ocurrido en la vida de Eddie como por la increíble fidelidad de Dios al responder con prontitud nuestra petición de ayudar a nuestros hijos a hablar con valentía y eficiencia sobre el reino de Dios (¡sin ignorar la bondad de Dios al colocar a Eddie y a Brandon en el mismo salón con una maestra cristiana!).

En el resto del libro, nos enfocaremos en orar por el carácter, la seguridad, las relaciones y el futuro de tu hijo. Mientras escribo esto, pienso en cómo se entrelazan todos esos aspectos y cómo cada uno sirve para prepararnos para la expansión del reino de Dios: el *carácter* bondadoso y gentil de Brandon, forjado en la *seguridad* y la protección de descansar en el Dios todopoderoso, le permitió hacerse amigo de Eddie; mientras que su *amistad* con sus padres, sus compañeros y su maestra cimentó el camino para que hablara del evangelio. ¡Imagino el futuro que le aguarda a este jovencito excepcional!

─────────── **Principio de oración** ───────────

Cuando oras por tus hijos, ya sea por su carácter
o por su futuro, estás invitando a Dios para que los
fortalezca y los prepare para impulsar el evangelio.

Prepárate para la respuesta de Dios

Por supuesto que cuando pedimos que nuestros hijos proclamen el evangelio, abrimos la puerta a muchos otros factores, algunos de los cuales ninguna madre *escogería* para su hijo. No podemos ver el futuro ni sabemos cómo responderá Dios nuestras plegarias.

Quizá Dios permita que nuestros hijos sean líderes empresariales hábiles que con generosidad apoyen financieramente su obra. Talvez los haga pasar una enfermedad o una tragedia para que puedan ministrar con compasión donde otras personas no logren comprender. Quizá los envíe a un país lejano donde nunca han escuchado del evangelio.

Uno de los héroes de mi padre es Hudson Taylor, el primer misionero cristiano en llevar el mensaje del evangelio al interior de China. Desde pequeños, mis hermanos y yo escuchamos las historias de la vida de Taylor, y cuando mis hijos aprendieron a leer, les compré un libro sobre su biografía que contenía detalles de sus aventuras. El libro relataba sobre su pasión por aprender chino y hablar de Cristo con personas cuya lengua y costumbres apenas comprendía. También mencionaba sus pruebas y penas, incluso la pérdida de su esposa y sus tres hijos.

Sin embargo, más allá de las dificultades, me impresionó un párrafo breve sobre la salida de Taylor de Inglaterra a los veintiún años:

> Su corazón casi desfalleció al ver a su madre agitar la mano en señal de despedida en aquel embarcadero. Ella había subido a bordo para cerciorarse de que su camarote fuera adecuado, habían cantado un himno y se habían arrodillado para orar. Y después ella había regresado al embarcadero mientras él permanecía a bordo. No fue sino hasta el momento exacto de separarse de su familia que Hudson comprendió el precio que todos ellos pagaban por su obediencia al llamado de Dios.[1]

Cuando Hudson Taylor salió rumbo a China, su familia no sabía si alguna vez volverían a verlo. La travesía por barco era arriesgada y se requerían seis meses para completarla. ¿Estaría dispuesta a despedir a mi hijo o alguna de mis hijas sin saber si alguna vez lo volvería a ver? ¿Estaría dispuesta (con alegría, paz y con todo mi corazón) a dejarlos trabajar o ministrar en lugares donde su vida o la vida de sus hijos estuviera en riesgo?

En verdad eso espero. Me encanta la manera en que una madre expresó sus sentimientos sobre este tema hace más de cien años. Annie Rossell Fraser había pedido que al menos uno de sus hijos fuera misionero, y cuando su hijo, Jim, se marchó a trabajar en la organización de Hudson Taylor en las lejanas montañas del interior de China, sintió una mezcla de dolor y gozo. Sabía que lo extrañaría con intensidad, pero según se cuenta la historia en el libro *Behind the Ranges* [Más allá de las cordilleras], lo dejó partir con un corazón dispuesto, sabiendo que su soledad era a favor de Cristo. «No pude ungir sus pies con aceite», expresó, «pero le entregué a mi hijo».[2]

¡Qué maravillosa perspectiva! *Señor, haz mi corazón como el de esa madre, de manera que nada, ni el temor a la enfermedad o la muerte ni la amenaza del aislamiento por parte de sus semejantes, detengan mi disposición a orar fielmente para que mis hijos proclamen y prediquen tu reino.*

Principio de oración

Cuando oras para que tus hijos proclamen el reino de Dios, debes prepararte para dejarlos responder al llamado, incluso si eso significa arriesgarse o hacer grandes sacrificios.

Preparada para la oración

Además de orar las Escrituras a favor de mis hijos, me gusta reflexionar sobre los «héroes» de la Biblia y pedir para que mis hijos tengan atributos y fortalezas similares a las de ellos. De hecho, al leer sobre personajes particulares de la Biblia, a menudo escribo una lista de los atributos que poseían y les permitían ser efectivos en el ministerio, y le pido a Dios que forme las mismas características en la vida de mis hijos.

Cuando ores por el rol que tus hijos desempeñarán en la predicación del reino de Dios, considera pedir que reciban la valentía de Pablo, quien nunca se avergonzó del evangelio, sino que vio en él un poder imposible de contener. ¿Y qué decir del valor de Ester, quien arriesgó su vida al interceder a favor de su pueblo? ¿Y qué tal la pasión del rey David, cuya devoción sincera revela que fue un hombre conforme al propio corazón de Dios?

También podemos orar para que nuestros hijos tengan la sensibilidad espiritual de Esteban, un hombre lleno de sabiduría, gracia y poder. Podemos pedir que nuestros hijos reciban la fidelidad de Noé, quien se arriesgó y construyó un arca aun cuando nadie siquiera había visto caer una gota de lluvia. O la obediencia de Abraham, quien estuvo dispuesto a matar a su hijo por mandato de Dios. O la pureza moral de Daniel, quien al rehusarse a comprometer sus creencias estableció el fundamento para un milagro innegable. O la lealtad de Rut, quien cambió su herencia pagana por un lugar en el linaje de Cristo.

Como la Biblia claramente muestra, Dios utiliza todo tipo de personas para expandir su reino. Cada una de las características que he mencionado, y muchas más, pueden ayudarnos a allanar el camino para el evangelismo efectivo. Si te gusta la idea de orar por tus hijos teniendo en mente los personajes bíblicos, he incluido más información sobre esta estrategia en el apéndice («Utiliza personajes bíblicos para orar por tus hijos»).

Al interceder, pidámosle a Dios que implante en nuestros hijos el corazón y la mente de Cristo con el fin de alcanzar a otros con su amor que cambia la vida.

Oraciones que puedes utilizar

Padre celestial...

Permite que la luz de _____ brille delante de los demás para que vean sus buenas obras y te alaben a ti, Padre nuestro que estás en el cielo.   MATEO 5.16

Oro por _____, para que siempre esté listo a responder a todo aquel que pida razón de su esperanza y para que hable con gentileza y respeto.   1 PEDRO 3.15

Haz que _____ siempre cante la grandeza de tu amor; ayúdale a proclamar tu fidelidad a todas las generaciones.   SALMOS 89.1

Haz que _____ nunca se avergüence del evangelio, y ayúdale a reconocer el poder de la Palabra de salvación de todos los que creen.   ROMANOS 1.16

Oro para que _____ vaya y haga discípulos de todas las naciones, bautizándolos en el nombre del Padre y del Hijo y del Espíritu Santo, enseñándoles a obedecer todo lo que nos has mandado.   LA GRAN COMISIÓN, MATEO 28.19-20

Haz que _____ *te siga, y hazle un pescador de hombres.*
MATEO 4.19

Haz que _____ *sea intachable y puro, hijo de Dios en medio de una generación torcida y depravada. Y permite que* _____ *brille como una estrella en el firmamento manteniendo en alto la palabra de vida.*

FILIPENSES 2.15-16

En cualquier momento que _____ *abra su boca, dale las palabras para dar a conocer con valor el misterio del evangelio.*
EFESIOS 6.19

Llena a _____ *con el conocimiento de tu voluntad con toda sabiduría y comprensión espiritual, para que viva de manera digna de ti, agradándote en todo. Esto implica dar fruto en toda buena obra, crecer en el conocimiento de Dios.*

COLOSENSES 1.9-10

Haz que _____ predique la Palabra, y persista en hacerlo, sea o no sea oportuno; ayúdale a corregir, reprender y animar con mucha paciencia, sin dejar de enseñar. Porque llegará el tiempo en que no van a tolerar la sana doctrina, sino que, llevados de sus propios deseos, se rodearán de maestros que les digan las novelerías que quieren oír. No permitas que se pierda el corazón de _____. Ayúdale a ser prudente en todas las circunstancias, a soportar los sufrimientos y a dedicarse a los deberes de tu ministerio.

2 Timoteo 4.2-5

PARTE 2

ORAR por el CARÁCTER de tu HIJO

CAPÍTULO 5

Ora por sabiduría y discernimiento

Si a alguno de ustedes le falta sabiduría, pídasela a Dios, y él se la dará,
pues Dios da a todos generosamente sin menospreciar a nadie.
SANTIAGO 1.5

—¿Puede Annesley venir a jugar con Christopher en este momento?

Sonreí al escuchar el tono de urgencia en la voz de mi amiga Nancy.

—Claro —contesté—. Pero, ¿cuál es la urgencia?

—Bueno —explicó Nancy—, se suponía que Christopher iría a jugar a la casa de un amigo esta tarde, pero al llegar su amigo quería ver una película de terror. Christopher le dijo que no era buena idea, y que su mamá no le daría permiso.

—Entonces… le *darías* permiso? —repliqué entre risas.

—Por supuesto que no, pero ese no es el punto. Christopher se mantuvo diciendo que no vería la película, y su amigo insistía en que debía hacerlo hasta que, por fin, la madre del amigo los escuchó discutir, y preguntó la razón del problema. Cuando supo lo que sucedía, se enojó con su hijo y mandó a Christopher de regreso a casa. Ahora no tiene nada que hacer, y todo ¡por tomar una decisión sabia! Y entonces, lo quiero recompensar. A Christopher le gusta jugar con Annesley… y, si te parece, iré a recogerla en este momento.

No fue sino hasta que colgué el teléfono que comprendí la situación: Nancy es una de las líderes de nuestro grupo de oración de los viernes por la mañana. Hacía poco habíamos orado por nuestros hijos de acuerdo a Filipenses 1.9-10 para que tuvieran «conocimiento y buen juicio» para «discernir lo mejor», y también para que fueran «puros e irreprochables para el día de Cristo». ¡A propósito de una oración contestada!

Rehusarse a ver una película de terror parece ser una decisión sin mayores consecuencias, y de hecho, quizá Christopher ni recuerde la decisión en el futuro. No obstante, en su proceso de maduración, esa sabiduría y ese discernimiento determinarán la efectividad con la que responda a las circunstancias de la vida.

¿Cuán importante es la sabiduría? Proverbios 4.7 dice que la sabiduría es «lo primero», y que el discernimiento vale lo que se requiera para obtenerlo. Eclesiastés 7.11-12 compara la sabiduría con el dinero, pero advierte que la sabiduría es superior porque «preserva la vida del poseedor». Y cuando el rey Salomón le pidió sabiduría a Dios, recibió más de lo que había negociado.

Quizá recuerdes la historia: el Señor le ofreció a Salomón otorgarle lo que él quisiera. Al reconocer los desafíos del reinado, Salomón pide «un corazón sabio» para gobernar sabiamente y ser capaz de distinguir entre el bien y el mal.

Es claro que el Señor se agradó con la petición de Salomón. «Como has pedido esto, y no larga vida ni riquezas para ti [...] voy a concederte lo que has pedido. Te daré un corazón sabio y prudente, como nadie antes de ti lo ha tenido ni lo tendrá después». Y el Señor prosigue: «Además, aunque no me lo has pedido, te daré tantas riquezas y esplendor que en toda tu vida ningún rey podrá compararse contigo. Si andas por mis sendas y obedeces mis decretos y mandamientos, como lo hizo tu padre David, te daré una larga vida».[1] Cuando Salomón pidió sabiduría, Dios se la concedió, junto a una increíble variedad de bendiciones.

Principio de oración

Cuando le pides a Dios sabiduría para tus hijos, le estás pidiendo que los prepare para recibir otras bendiciones que también desea brindarles.

Escoger lo mejor en lugar de lo bueno

Con frecuencia, cuando Jesús quería brindar semillas de sabiduría a sus discípulos, utilizaba historias, parábolas y preguntas para estimular su curiosidad. Como madre, encuentro tales estímulos casi en cualquier parte, incluso en ocasiones cuando preferiría no hacerlo.

Por ejemplo, nuestras hijas mayores son lectoras ávidas. Sin embargo, a veces, regresan de la escuela con libros que preferiría hubieran dejado en los estantes. Hace más o menos un año, trajeron a casa un libro de una serie muy popular entre sus compañeros de clase. Como había escuchado críticas desfavorables sobre ese libro por parte de una amiga cuyo consejo valoro mucho, decidí echarle una ojeada rápida. No había nada abiertamente malo: ninguna palabra ofensiva, ocultismo o violencia; pero, en particular, no me gustó el tono del libro.

—¿Y bien? —preguntaron las chicas cuando cerré la tapa—. ¿Podemos leerlo?

—Sí —respondí, pensando en cómo Jesús usaría la curiosidad como herramienta de enseñanza—. Pueden leerlo pero con una condición. Cuando terminen, quiero que me entreguen un reporte. Quiero escuchar tres cosas del libro por las cuales piensan que es bueno y tres por las cuales no lo es.

No pasó mucho tiempo antes de recibir los reportes.

—Muy bien —inició Annesley—. La niña esconde libros y dulces debajo de su cama para que la mamá no los encuentre. Eso no es bueno.

—También le dice tonto a un niño de la clase —comentó Hillary.

—Ajá, ¿algo más? —indagué.

Las chicas expresaron unas cuantas ideas más, la mayoría concerniente a los vacíos de carácter de los personajes en la historia. Fallaron en advertir que el libro no era interesante y no estaba bien escrito, sin embargo, les dejé pasar esos detalles.

—Entonces, ¿cuál es el veredicto?

—Está bien —concluyeron—. Pero no es tan bueno como pensamos.

No hubo mejor manera de decirlo. A mi amiga Kenzie le gusta citarles a sus hijos 1 Corintios 10.23: «Todo está permitido, pero no todo es provechoso. Todo está permitido, pero no todo es constructivo». Mientras hablaba con mis hijas, recordé otra de las máximas de Kenzie: «Habiendo tanto buenos libros de donde escoger, ¿por qué nuestros hijos deberían perder el tiempo en algo que en realidad no es bueno?».

Ciertamente, ¿por qué? Dios desea lo mejor para nuestros hijos. ¿Por qué debemos conformarnos con menos? (¿o por qué deberían hacerlo ellos?). No siempre estaremos cerca para inspeccionar lo que leen o las películas que ven, o para influenciarlos sobre las amistades que escogen o las ofertas de empleo que acepten. Sin embargo, Dios sí lo hará. Así que, al orar por nuestros hijos ahora o en el futuro, pidámosle a Dios que les dé un corazón sabio y capaz de discernir, así como la pasión por buscar lo mejor del Señor.

═══════════ **Principio de oración** ═══════════

Orar para que tus hijos deseen lo mejor de Dios les ayudará a prevenir que se conformen con solo lo suficiente o lo bueno.

Mirar la vida con los ojos de Dios

Una de mis oraciones favoritas para mis hijos (y es más, a favor de mi esposo, Robbie) es la oración del apóstol Pablo en Colosenses 1.9-12. En ese pasaje Pablo escribe estas hermosas palabras:

> *Por eso, desde el día en que lo supimos no hemos dejado de orar por ustedes. Pedimos que Dios les haga conocer plenamente su voluntad con toda sabiduría y comprensión espiritual, para que vivan de manera digna del Señor, agradándole en todo. Esto implica dar fruto en toda buena obra, crecer en el conocimiento de Dios y ser fortalecidos en todo sentido con su glorioso poder. Así perseverarán con paciencia en toda situación, dando gracias con alegría al Padre. Él los ha facultado para participar de la herencia de los santos en el reino de la luz.*

Cynthia Heald, en su excelente libro de estudio bíblico titulado *Cómo llegar a ser una mujer de oración,* cita al autor C. Samuel Storms en el tema de esa oración:

Pablo no oraba para que los colosenses evitaran el sufrimiento. Tampoco pedía que recibieran riqueza material como agregado a su fervor espiritual. No menciona las enfermedades o la sanidad; no pide por empleos mejores o las cosas por las cuales oramos y les pedimos a otros que oren a nuestro favor. Tales peticiones no son apropiadas siempre; no obstante, vemos a Pablo considerar la sabiduría, el conocimiento y el discernimiento espiritual como virtudes de gran valor.[2]

¿Qué tienen la sabiduría y el discernimiento para ser tan valiosos? Eugene Peterson, en su versión en inglés contemporáneo del pasaje de Colosenses, nos brinda una clave: «No hemos dejado de orar por ustedes, y pedimos para que Dios les dé mentes y espíritus sabios a tono con su voluntad y les conceda una comprensión completa de las maneras en las cuales Dios trabaja».[3] La razón por la cual la sabiduría piadosa es tan importante es porque nos abre la mente a cómo Dios trabaja y nos permite responder a la vida con su perspectiva.

Mi amiga Lanie siempre ha orado para que sus hijos tengan sabiduría, y hace poco Dios le dio una pequeña muestra de cómo había respondido sus plegarias. Junto a su esposo Tim, Lanie había estado buscando una casa, y en un momento dado pensaron que habían encontrado la casa perfecta. Resultó que alguien más también quería esa casa, y, antes de que Tim y Lanie se enteraran, la casa se había vendido.

Aparentemente, uno de los agentes de bienes raíces involucrados en el negocio maniobró de tal modo que Tim y Lanie no pudieran dar su oferta a tiempo. Tim se molestó por ello. Al conducir por la carretera, Tim intentaba disimular su irritación ante su hijo, Tyson, de diez años. Entonces, el niño dijo algo que diluyó el enojo de Tim de inmediato. «Papá, sé que a mamá y a ti les gustaba esa casa. Pero creo que eso fue un "no" de Dios».

Tyson vio la situación con los ojos de Dios, y al hacerlo vio lo que su padre había pasado desapercibido. Los ojos de Tyson se abrieron a la respuesta de Dios gracias a la sabiduría.

Principio de oración

Cuando oras para que Dios les dé a tus hijos sabiduría y discernimiento, estás pidiéndole que los capacite para ver el mundo a través de sus ojos así como a pensar, hablar, actuar y reaccionar de acuerdo a ello.

Preparada para la oración

Cuando le pedimos a Dios les dé a nuestros hijos sabiduría y discernimiento, no solo le pedimos les ayude a tomar decisiones correctas, sino también los preparamos para una vida de intimidad con Cristo, «en quien están escondidos todos los tesoros de la sabiduría y del conocimiento».[4] El efecto colateral de esa relación es invaluable. Consideremos algunos beneficios de la sabiduría en nuestros hijos:

- Les ayuda a administrar su tiempo de manera efectiva (Salmos 90.12).
- Los convierte en buenos oyentes (Proverbios 1.5).
- Les brinda dirección y propósito en la vida (Proverbios 3.5-6).
- Abre las puertas de la felicidad, las riquezas verdaderas y una larga y placentera vida (Proverbios 3.13-17).

- Arroja luz para comprender el carácter de los otros, y protege del mal (Proverbios 7.4-5).
- Crea relaciones familiares fuertes y llenas de gozo (Proverbios 10.1).
- Los hace *verse* mejor (Eclesiastés 8.1).

Eugene Peterson resume la sabiduría como «el arte de vivir hábilmente en cualquier condición en la cual nos encontremos».[5] Si quieres aprender más sobre cómo vivir hábilmente y la recompensa de Dios para quienes buscan la sabiduría, sumérgete en el baúl del tesoro de la sabiduría del Antiguo Testamento: el libro de Proverbios. Con treinta y un capítulos, este libro se constituye como un excelente estudio bíblico diario o una guía devocional familiar. Léelo con tus hijos, y transforma sus versículos cargados de sabiduría en poderosas oraciones.

Oraciones que puedes utilizar

Padre celestial...

Llena a _____ con el conocimiento de tu voluntad con toda sabiduría y comprensión espiritual, para que viva de manera digna de ti, Señor, agradándote todos los días.

COLOSENSES 1.9-10

Dale a _____ sabiduría. Gracias por dárnosla generosamente sin menospreciar a nadie. Ayuda a _____ a creer sin dudar, dale unidad de pensamiento y estabilidad en todo lo que hace. Ayúdale a ser decidido para tomar buenas decisiones.

SANTIAGO 1.5-8

Haz que _____ te tema, pues este es el comienzo de la sabiduría. Haz que _____ te conozca y entienda tu perspectiva en cualquier situación. Añádele años a su vida y dale el premio de la sabiduría.

PROVERBIOS 9.10-12

No dejes que _____ se impresione por las cosas que mira el hombre. Permítele ver el mundo a través de tus ojos y reaccionar ante él con tu amor y sabiduría.

1 SAMUEL 16.7

Dale a _____ sabiduría e inteligencia. No permitas que olvide tus palabras ni se aparte de ellas. Encáusale a amar la sabiduría y a valorarla sobre todas los deseos y logros terrenales.

PROVERBIOS 4.5-7

Haz que _____ confíe en ti con todo su corazón. No permitas que confíe en su propia inteligencia, sino ayúdala a reconocerte en todos sus caminos. Allana sus sendas.

PROVERBIOS 3.5-6

Aconseja a _____, Señor. Instrúyelo, aun en la noche. Revélale la senda de la vida y llénalo con la alegría de tu presencia.

SALMOS 16.7, 11

Dale a _____ un corazón sabio y discernimiento para que distinga el bien y el mal.   1 REYES 3.9, 12

Permite que tu Espíritu repose sobre _____. Dale espíritu de sabiduría y de entendimiento, espíritu de consejo y de poder, espíritu de conocimiento y de temor del Señor. No permitas que juzgue según las apariencias o decida por lo que escuchen sus oídos, sino que actúe con rectitud, justicia y fe.

ISAÍAS 11.2-5

Esta es mi oración: que el amor de _____ abunde cada vez más en conocimiento y en buen juicio, para que discierna lo que es mejor, y sea pura e irreprochable para el día de Cristo, llena del fruto de justicia que se produce por medio de Jesucristo.

FILIPENSES 1.9-11

CAPÍTULO 6

Ora por un corazón de siervo

No nos cansemos de hacer el bien, porque a su debido tiempo
cosecharemos si no nos damos por vencidos.

GÁLATAS 6.9

Cuando nuestros hijos estaban en edad preescolar, cada mañana la enfermera de la escuela se paseaba de clase en clase con el carrito del refrigerio cargado de sorpresas, todas según sus estrictos estándares nutricionales. En verdad, la enfermera amaba a los chicos y su empleo, así que un día me sorprendió verla recorrer con furia el pasillo y con su rostro rojo de indignación.

—¿Qué sucede? —indagué.

—¡Un niño me acaba de decir que soy su *sierva*! —explotó—. ¡No supe qué hacer!

—¡Sierva! —exclamé, con mis ojos iluminados mientras explotaba en risa—. ¡Es el mejor cumplido que puedes recibir!

La enfermera, perpleja, me fijó su mirada por un momento largo antes de seguir su camino por el pasillo, sin poder decir palabra. Quizá pensó que yo estaba loca, pero al menos no lo dijo, y no la hubiera culpado si lo hubiera dicho. En estos tiempos, nadie quiere pasar por «siervo». Podemos decir (incluso pensar) que servir a otros es importante, pero nuestras acciones y prioridades envían un mensaje diferente. Ya sea que estemos haciendo

77

fila en la caja del supermercado o nos hallemos en la sala de conferencias de la oficina, competimos por el puesto, luchamos por tener el control y ansiamos ser los primeros. Y en una cultura donde raras veces se reconoce o se premia la abnegación, te tienes que preguntar si cultivar un corazón de siervo es del todo importante. ¿En serio vale la pena orar por ello?

En verdad, Jesús pensaba que sí valía la pena. De hecho, puso su sello personal de aprobación al servicio al decirles a los discípulos: «El que quiera hacerse grande entre ustedes deberá ser su servidor, y el que quiera ser el primero deberá ser esclavo de los demás; así como el Hijo del hombre no vino para que le sirvan, sino para servir y para dar su vida en rescate por muchos».[1]

Jesús vino a servir, aun al punto de dar su vida. Entonces, orar para que nuestros hijos tengan un corazón de siervo es semejante a pedirle a Dios que ellos sean más como Cristo.

─────── Principio de oración ───────

Cuando oras para que tu hijo reciba un corazón
de siervo, estás pidiendo que sea como Jesús.

¿Qué ganas tú?

Aquella tormenta de nieve se perfilaba como la peor que Susan pudiese recordar. Mientras conducía su camioneta por las calles apenas visibles en el vecindario donde vivía en Washington, D. C., oraba para que pudieran llegar a casa a salvo. Tres de sus cinco hijos permanecían con sus cinturones de seguridad abrochados en el asiento trasero. Quedarse varados en una de las ventiscas más infames no parecía una buena idea.

Al aproximarse a una curva, divisó las formas pesadas de tres o cuatro automóviles que se habían deslizado en una zanja fuera de la carretera. Sintió el hielo resbaladizo bajo las llantas, y redujo la velocidad hasta avanzar a paso de tortuga. Al pasar al lado de los automóviles averiados, le sorprendió ver a un grupo de adolescentes luchando por empujar los autos de nuevo a la carretera, evidentemente sin importarles el embate del viento.

—¡Mira, mamá! —exclamó Chris, de diez años—. ¡Esos muchachos deben estarse congelando!

—Sí —secundó John, de doce—, ¡pero imaginen cuánto dinero están ganando!

Susan y los chicos vieron a los adolescentes sacar fuerzas en un último empujón. Cuando el automóvil averiado regresó lentamente a la carretera, los jóvenes levantaron los brazos en señal de triunfo y luego enfocaron su atención en el siguiente vehículo varado.

—¿Podría ser que esos jóvenes no estén allí por dinero? ¿Podría ser que solo quieren ayudar a las personas a sacar los vehículos de la zanja? —preguntó Susan, en voz baja.

Los niños no habían considerado esa posibilidad, sin embargo, mientras presenciaban la operación de rescate, admitieron que quizá su madre tenía razón. Nadie les daba dinero, sin embargo, a medida que los jóvenes trabajaban por liberar los vehículos de su trampa de hielo, su entusiasmo parecía crecer. Aparentemente, su recompensa estaba ligada a la tarea que tenían entre manos.

El maestro de seminario Bill Gothard dice que tener un corazón de siervo significa emocionarse por hacer que otras personas tengan éxito.[2] En otras palabras, el servicio sincero va más allá de simplemente *gozarse* cuando otra persona tiene éxito. Significa *entrar en acción* para contribuir a la victoria. Consiste en más que solo echar porras; significa renunciar a tu sofá cálido y cómodo para aventurarse a salir a una tormenta de nieve cegadora para sacar unos cuantos vehículos varados en una zanja.

Las Escrituras cuentan la historia de otro adolescente que renunció a su puesto cómodo para trabajar a favor de otra persona. Jonatán, el hijo mayor del rey Saúl, se perfilaba como el heredero al trono de Israel. Lo único que se interponía entre él y el reinado era un pastor de ovejas poco conocido y convertido en cazador de gigantes llamado David, cuyas victorias en el campo de batalla con el tiempo se ganaron el corazón de la nación. Ya que su padre se había inclinado al objetivo de matar a David, Jonatán pudo haber permanecido distante, midiéndose la corona y puliendo sus conocimientos sobre política exterior. En cambio, arriesgó su vida y, en última instancia, su dinastía, al orquestar el escape de David y allanarle el camino para tomar el reino.[3]

La Biblia dice que Jonatán amaba a David como a sí mismo.[4] Esa clase de amor empujará a nuestros hijos a renunciar a sus «coronas» (sus derechos, sus puestos y su tiempo) con el fin de ayudar a otros. En Juan 15.12-13, Jesús enlazó el amor y el servicio sacrificial: «Y éste es mi mandamiento: que se amen los unos a los otros, como yo los he amado. Nadie tiene amor más grande que el dar la vida por sus amigos». Con esas palabras en mente, pidámosle a Dios que nuestros hijos se motiven por amor, de manera que con genuina emoción sirvan a otros, aun cuando eso signifique sacrificar sus propios deseos o necesidades.

Principio de oración

Orar por un corazón de siervo equivale a orar por
un amor genuino, capaz de sacrificarse a sí mismo.

El servicio de «todos los días»

Todos hemos leído historias de héroes modernos que han arriesgado sus vidas para salvar personas de vehículos en llamas, rescatar víctimas a punto de ahogarse en inundaciones e, incluso, ser escudos para salvar a niños de las balas. Honramos y alabamos dichos actos de servicio. Sin embargo, en general esas oportunidades de mostrar tan valeroso comportamiento son escasas y esporádicas. Para la mayoría, «entregar la vida» significa preparar el almuerzo o compartir el transporte con otras personas. Para nuestros hijos, lo más heroico en la vida puede ser permitir que un hermano ocupe el asiento del copiloto, cortar el césped como un favor para la madre soltera que vive en la casa vecina o sacar vehículos atascados en un montículo de nieve. En el gran plan de Dios, ¿cuentan esos pequeños detalles de «todos los días»?

Sí. ¡Sí, en absoluto! Cada vez que ponemos los deseos y las necesidades de los otros por encima de los nuestros y hablamos o actuamos a favor de alguien más, renunciamos a nuestras vidas (nuestro tiempo, nuestros talentos, nuestros recursos, nuestros «derechos») y seguimos el llamado de Cristo a servir.

En este aspecto, Mónica siempre busca maneras de animar a su hijos (¡sus once hijos!). En una ocasión, cuando su hija de ocho años deseaba hornear y entregar un pastel a su empleada doméstica, quien ya estaba entrada en años, Mónica tuvo que conducir a lo largo de la ciudad a la hora de la cena, en el tristemente célebre tráfico de hora pico de Atlanta, solo para que su pequeña hija entregara el regalo además de un abrazo. Esa visita a su empleada resultó ser la última. Poco tiempo después, ella falleció, y ese simple acto de servicio se convirtió en un precioso recuerdo que ni Mónica ni su hija olvidarán jamás.

¿Era lógico que Mónica metiera a sus hijos en su automóvil en plena hora pico de una gran ciudad? No, en realidad, no. Sin embargo, las oportunidades para servir no son siempre cómodas ni convenientes. Imagina cómo se debió sentir la virgen María al recibir las noticias del ángel: darás a luz al Hijo de Dios. Si yo hubiera estado en las sandalias de María, quizá hubiese protestado enérgicamente por la invasión increíble a mi privacidad… por esa molestia a mi horario… por ese problema inesperado en mis planes de boda. No obstante, María tomó la noticia con naturalidad. En Lucas 1.38 se nos muestra su sencilla respuesta: «Aquí tienes a la *sierva* del Señor […] que él haga conmigo como me has dicho» (énfasis agregado).

No era conveniente para Mónica hacer la entrega espontánea de un pastel, tampoco lo fue para María quedar embarazada antes de casarse. Pero al seguir las indicaciones de un corazón de siervo, ambas mujeres cosecharon bendiciones maravillosas e inesperadas.

De ahí que al orar por nuestros hijos no establezcamos límites de cómo o dónde deseamos que sirvan, o de lo que esperamos que hagan. Al contrario, estemos alertas para detectar las señales de un corazón de siervo, y, al verlo surgir, oremos de acuerdo a Colosenses 3.23-24: «Hagan lo que hagan, trabajen de buena gana, como para el Señor y no como para nadie en este mundo, conscientes de que el Señor los recompensará con la herencia. Ustedes sirven a Cristo el Señor».

«Sin importar lo que hagas, trabaja con todo tu corazón, *como trabajando para el Señor*». El énfasis en «quién» sobre el «qué» resulta ser una gran motivación, en particular cuando el trabajo por hacer no es en especial glamoroso. Algo a todas luces intrascendente como hacer la cama de un hermano o sacar las compras del vehículo y llevarlas dentro de la casa puede adquirir un nuevo brillo cuando se hace para el servicio del Rey de reyes. Recuérdales a tus hijos, una y otra vez, que al servir a otros, le sirven al Señor.

─────────────── Principio de oración ───────────────

Orar para que tus hijos tengan un corazón de siervo significa orar para que aprendan a ver más allá del trabajo que tienen en sus manos a fin ver al Señor al cual sirven.

Preparada para la oración

No todos los actos de servicio serán en verdad útiles, en especial cuando tus hijos son pequeños. Justo la semana pasada, Hillary y Annesley sacaron la vajilla del lavaplatos y la pusieron en su lugar para ayudarme. No les había pedido que lo hicieran, y les agradecí por su consideración. El único problema es que el lavaplatos no se había activado todavía, y los platos aún estaban sucios.

En momentos como ese, ayuda recordar que la *actitud* es más importante que los *logros*. Filipenses 2.5-7 enfatiza esta lección. Pablo escribe: «La actitud de ustedes debe ser como la de Cristo Jesús, quien [...] se rebajó voluntariamente, tomando la naturaleza de siervo». Nota que Pablo no dice que nuestros *logros* deberían ser como los de Cristo. En cambio, Pablo se enfoca en nuestra *actitud*.

Algunas de las actitudes por las cuales puedes orar y que se traducen en servicio efectivo son las siguientes: bondad, compasión, generosidad y abnegación. También oro para que mis hijos sean diligentes y estén alertas y dispuestos a ir un kilómetro más para poder concluir lo que inician. El versículo que cito al inicio de este capítulo ha sido uno de mis favoritos en la vida: «*No nos cansemos de hacer el bien, porque a su debido tiempo cosecharemos si no nos damos por vencidos*». Utilizo este versículo para orar por mis hijos y confío en que Dios abrirá sus ojos a las oportunidades para servir. Oro por sus maestros ya que sé cuánto necesitan una dosis extra de fortaleza, energía y esperanza. Oro por mí y espero en *Jehová Elohim* (literalmente, el Señor personal y todopoderoso, dispuesto y capaz, amoroso y poderoso) para que me auxilie en los desafíos de criar a cuatro hijos y llevarlos a Cristo, aun cuando llenen la alacena con platos sucios.

Oraciones que puedes utilizar

Padre celestial...

No permitas que _____ se canse de hacer el bien. Permítele saber que a su debido tiempo cosechará si no se da por vencido.
GÁLATAS 6.9

Gracias porque _____ es hechura de tuya, creada en Cristo Jesús para buenas obras, las cuales Dios dispuso de antemano a fin de que las ponga en práctica.
EFESIOS 2.10

No permitas que _____ haga nada por egoísmo o vanidad; más bien, con humildad considerando a los demás como superiores a él mismo. Que no solo vele por sus propios intereses sino también por los intereses de los demás. Y permítele tener la actitud de Cristo Jesús.
FILIPENSES 2.3-5

Permite que _____ sirva a los demás con amor.
GÁLATAS 5.13

Haga lo que haga, haz que _____ trabaje de buena gana, como para ti y no como para nadie en este mundo.
COLOSENSES 3.23

Haz que _____ *te adore y sirva con regocijo.*

SALMOS 100.2

Motiva a _____ *a servirte de buena gana, como quien te sirve a ti y no a los hombres, y recuérdale que tú recompensarás a cada uno por el bien que haya hecho.*

EFESIOS 6.7-8

Enséñale a _____ *que si quiere hacerse grande, deberá ser sierva. Si quiere ser la primera, deberá ser esclava; así como el Hijo del Hombre no vino para que le sirvan, sino para servir y para dar su vida en rescate por muchos.*

MATEO 20.26-28

Sobre todo, permite que _____ *ame a los otros profundamente, porque el amor cubre multitud de pecados. Ayúdale a* _____ *a poner al servicio de los demás el don que ha recibido, administrando fielmente tu gracia en sus diversas formas. Permítele servir con las fuerzas que tú brindas, así recibas Señor el crédito y la gloria en todo.*

1 PEDRO 4.8-11

CAPÍTULO 7

Ora por bondad y compasión

*Por lo tanto, como escogidos de Dios, santos y amados,
revístanse de afecto entrañable y de bondad,
humildad, amabilidad y paciencia.*
COLOSENSES 3.12

«Lo siento, estudiantes», dijo la maestra, «pero no podemos salir. Está haciendo mucho frío afuera, y Bryant no trajo su abrigo ni nada cálido con qué cubrirse».

De entre un coro de quejidos y protestas, la vista de Will recorrió el salón hasta llegar al chico de quinto grado encorvado en su pupitre, ataviado solo con unos pantalones cortos y una camiseta. Bryant nunca se quejaba; de hecho, nunca hablaba mucho de nada. Sin embargo, Will comprendió que su compañero *debía* tener frío. Era enero, y parches persistentes de la nieve de una tormenta reciente colgaban en la grama y las aceras alrededor de la escuela. ¿Por qué el chico no pensó en ponerse pantalones o al menos un abrigo?

«¡Muchas gracias, Bryant! Ya es el tercer día que nos perdemos el recreo. ¿Por qué no nos haces el favor de quedarte en casa mañana?», dijo otro niño, con tono de desagrado.

Bryant guardó silencio, sus ojos se clavaron en el pupitre. Will dirigió su atención a la ventana y divisó la cancha de baloncesto plana y seca, bañada por los rayos de sol en el invierno. Aun bajo la temperatura fría, la cancha parecía invitarlos a salir. Si Bryant se quedara en casa, quizá todos podrían salir a jugar. O talvez Bryant despertaría, descubriría que hace frío y se pondría ropa adecuada.

Esa noche, cuando Will se sentó en la mesa de la cocina para hacer sus tareas escolares, recordó el salón de clases.

—Mamá, ¿crees que Bryant no *tiene* ropa de invierno?

—¿Quién es Bryant?

—Es un niño en mi clase. Todos los días usa pantalones cortos, y la señora Cooper dice que no podemos salir a jugar a menos que todos usemos ropa de invierno.

Will se quedó pensativo por un minuto y luego preguntó:

—¿Podría llevarle ropa?

—Claro cielo, eso estaría bien —le contestó Katherine a su hijo mayor, además de otorgarle una sonrisa.

Sin embargo, Will no había terminado.

—No quisiera darle algo exagerado, pues no quiero que piense que se lo doy porque creo es pobre o algo así. Quizá solo un par de pantalones, al menos al principio. Y, mamá —agregó—, ¿podríamos orar por Bryant? En serio, no quiero ofenderlo.

Katherine soltó la toalla a la que se había aferrado y abrazó a su hijo. En silencio, le agradeció a Dios por darle a Will un espíritu bondadoso y sensible, y, luego, ambos le pidieron a Dios que Bryant fuera receptivo al regalo de Will.

Al siguiente día, Will llevó un par de pantalones extra a la escuela. Ansiosa por saber el resultado, Katherine recibió a su hijo en la puerta a su regreso.

—¿Qué dijo Bryant? —preguntó.

—Dijo «gracias» —respondió Will con toda calma—, y, mamá, le dije que no se preocupara si los rompía o algo así, ya que podía devolverlos y nosotros los arreglaríamos.

—¿Nosotros? —replicó Katherine, mientras sonreía y le alborotaba el cabello a su hijo.

Will se escabulló de su alcance y subió las escaleras. De pronto, se detuvo y volvió la mirada.

—Este… quiero decir *tú*. ¿Verdad que tú arreglarías los pantalones si se dañaran? —sentenció.

Me encanta esta historia porque nos enseña a cultivar la bondad y la compasión en nuestros hijos. Primero, nos recuerda orar de manera específica para que reconozcan y aprovechen las oportunidades de cuidar a otros, aun frente a la incertidumbre y la dificultad. Después de todo, siempre corremos el riesgo de que los demás rechacen nuestra bondad: tal como Will observó, Bryant podía rechazar su regalo con facilidad.

Además, necesitamos orar para que nuestros hijos se identifiquen con las necesidades de los demás y recuerden que podrían ser uno de *aquellos* que sufren. Tal como Hebreos 13.3 lo enseña: «Acuérdense de los presos, como si ustedes fueran sus compañeros de cárcel, y también de los que son maltratados, como si fueran ustedes mismos los que sufren».

=========== **Principio de oración** ===========

Orar para que tus hijos estén alertas a las oportunidades de mostrar bondad y compasión equivale a orar para que Dios los ayude a ponerse en los zapatos de los demás.

Una compasión como la de Cristo: el artículo genuino

John Yates, rector de la iglesia episcopal The Falls, en Falls Church, Virginia, dice que la compasión es «tener conmiseración y simpatía por el otro y hacer algo al respecto».[1] Pero esa combinación de *actitud* y *acción* no siempre ocurre con facilidad, en particular en nuestra sociedad ajetreada y centrada en sí misma.

A manera de ejemplo, en una ocasión coloqué un gráfico en nuestro refrigerador. Escribí una serie de características al lado izquierdo del gráfico: compasión, dominio propio, generosidad y cosas similares; y escribí nuestros nombres en la parte superior. La idea era enfocarnos en una característica diferente cada semana, y premiarnos con estrellas si demostrábamos los atributos. La única restricción en el juego era que uno no podía reconocer su propio comportamiento sino que alguien más tenía que hacerlo.

Para empezar, nunca debí haber escrito «compasión». Después de unos cuatro días, era evidente que mis hijos tenían estrellas a diestra y siniestra, incluso el papá tenía unas cuantas en su columna. Sin embargo, mi columna lucía vacía por completo. De acuerdo al gráfico, yo tenía un corazón de acero.

Intenté convencerme de que el problema era la incapacidad de mis hijos de reconocer las virtudes de su madre. Pero al pensar en los días previos tuve que admitir que el gráfico estaba en lo correcto. Pasaba mis días tan ocupada lavando ropa, conduciendo para hacer mandados, entre otros asuntos triviales derivados de cumplir un compromiso o realizar una actividad tras otra, que no tenía el tiempo ni la inclinación para ser compasiva. Me di cuenta, con una sacudida de culpabilidad, que personificaba a los «malos» de la parábola del Buen Samaritano.[2] Así como ellos, ignoraba las necesidades de los otros en mi camino, y evitaba a aquellos que sufrían o se hallaban emocionalmente heridos de modo que sus problemas no desbarataran mi «agenda».

Tenía un corazón duro. Y aun peor, lo modelaba a mis hijos, con la evidencia irrefutable de la falta de gloria y estrellas colocada en la puerta del refrigerador a la vista de todos.

Al tomar conciencia de mis defectos, decidí «repararlos». Me propuse mostrar compasión en cada oportunidad. Cuando mis hijos se caían, los saturaba con abrazos y besos. Cuando tenían un problema en la escuela, los escuchaba con solidaridad e intentaba sentir su dolor. Cuando la iglesia me llamó para saber si podía «adoptar» a un estudiante universitario solitario, acepté de inmediato. «Sí», respondí con entusiasmo. «De hecho, ¡adoptaremos a dos!».

Un día, mientras intentaba (de manera forzada) colocar sobre mi regazo el cuerpo larguirucho de Hillary, de diez años, después de que se raspara la rodilla en la cancha del baloncesto del vecino, ella me dijo: «Mamá, creo que exageras. *Eso* no es compasión real. Es más, la forma en que me sujetas me lastima».

¡Ay, Hillary tenía razón! En mi débil intento por manufacturar un corazón compasivo, había reemplazado el artículo verdadero por la hipocresía y un sentimentalismo efusivo. Estaba falsificando la compasión, y a nadie le hacía bien.

En un esfuerzo por descubrir lo que no entendía, busqué la palabra *compasión* en una concordancia. Encontré más de 120 referencias, y leí cada uno de los versículos donde la palabra aparece. En el Antiguo Testamento, la imagen de un padre compasivo emerge una y otra vez y corresponde a un Dios cuya «compasión jamás se agota».[3] En el Nuevo Testamento, la misma compasión parece ser lo que una y otra vez motiva a Jesús para detenerse, escuchar, tocar y sanar.

Mientras luchaba por apropiarme de la compasión de Dios y seguir el ejemplo de Cristo, encontré 1 Juan 3.17-18: «Si alguien que posee bienes materiales ve que su hermano está pasando necesidad, y no tiene compasión de él, ¿cómo se puede decir que el amor de Dios habita en él? Queridos hijos, no amemos de palabra ni de labios para afuera, sino con hechos y de verdad».

Los ingredientes necesarios para la bondad y la compasión genuinas están presentes en esos versículos: una actitud de compartir, una habilidad de identificar necesidades, un corazón solidario, una apertura al amor de Dios y una disposición a realizar acciones a favor de los demás. Esas son las virtudes que caracterizaron el ministerio de Jesús sobre la tierra. Oro para que caractericen la vida de nuestros hijos.

Principio de oración

Orar para que la compasión de Cristo caracterice la vida de tus hijos es abrirle la puerta a Dios para que trabaje en sus actitudes y acciones.

Caminar con el Rey

Como evidencian mis intentos desafortunados por agregar «estrellas» en el gráfico familiar, es imposible fabricar la compasión tanto en nuestro caso como en el de nuestros hijos. No podemos hacer que nuestros hijos sean sensibles a las necesidades de los demás, tampoco podemos forzarlos a sentir amor o compasión, ni podemos empujarlos por la fuerza para transformar dichas actitudes en acciones.

Entonces, ¿cómo podemos cultivar la compasión y la bondad en sus corazones?

Pienso que mi abuela tenía la respuesta correcta a esa pregunta. Ella fue una de las personas más compasivas que he conocido. A decir verdad, la determinación de Gammy para ejercitar la bondad y la compasión raya con lo militar, y en los recuerdos de nuestra familia se desbordan las historias de sus métodos poco ortodoxos de «ministrar» a quienes la rodeaban. Mucho antes de que alguien escuchara de Martín Luther King Jr., Gammy estaba cumpliendo su parte por promover los derechos civiles al alarmar a sus conocidos antisemitas al proclamar que *ella* era judía (lo cual, en realidad, no era cierto, pero en su opinión ser una hija del Dios de Israel era suficiente). Además, le prohibieron la entrada de por vida a un club campestre local por haber invitado a una mujer de «piel oscura» a sentarse con ella en el jardín del restaurante de dicho club.

El secreto de la habilidad de Gammy para identificar las necesidades y actuar respecto a ellas era este: tendía a considerar a *todas* las personas (fueran buenas, malas o feas) como hijos de Dios preciosos. Porque veía la imagen de Dios reflejada en quienes la rodeaban, le resultaba fácil amar a otros e identificarse con sus necesidades. Consideraba un gozo, en lugar de una carga, dedicar su tiempo, dinero y energía para suplirlas. Bajo su constante apoyo, sus cuatro hijos la acompañaron en su visión. Al despachar a sus hijos a la escuela, les decía: «Caminen con el Rey este día, y ¡sean de bendición!».

══════ Principio de oración ══════

Las oraciones más eficaces para mostrar compasión y bondad comienzan al descubrir la hermosura de aquellos seres creados por Dios que padecen necesidad.

Preparada para la oración

Si tomamos una página del libro de Gammy, podemos orar para que nuestros hijos caminen con el Rey y sean de bendición, incluso si eso significa posponer sus propios deseos, necesidades y «agendas». Oremos para que vean a Jesús reflejado en sus amigos, compañeros de equipo, maestros y familias. Oremos para que no sean de corazón duro, sino que vean el mundo a través de los ojos amorosos del cielo.

Con esa visión en mente, una de mis oraciones favoritas aparece en Ezequiel 11.19. En ese versículo, Dios les dice a los israelitas que les «dará un corazón íntegro, y pondrá en ellos un espíritu renovado», y que, además, «les arrancará el corazón de piedra que ahora tienen, y pondrá en ellos un corazón de carne». Dios no cambia: es el mismo de ayer, hoy y siempre. Dios puede hacer por nuestros hijos lo mismo que hizo por los israelitas: cambiarles el corazón de piedra por uno compasivo de carne.

Después de todo, Dios está en el negocio de la cirugía de corazón.

Oraciones que puedes utilizar

Padre celestial...

Reviste a _____ *de afecto entrañable y de bondad, humildad, amabilidad y paciencia.*   COLOSENSES 3.12

Haz que _____ *sea bondadoso y compasivo con otros, perdonando a los demás así como Dios lo perdonó en Cristo.*
EFESIOS 4.32

Consuela a _____ *en todas sus tribulaciones para que con el mismo consuelo que de ti, precioso Señor, haya recibido, también pueda consolar a todos los que sufren.*
2 CORINTIOS 1.4

Tu palabra dice que si alguien que posee bienes materiales ve que su hermano está pasando necesidad, y no tiene compasión de él, ¿cómo se puede decir que el amor de Dios habita en él? Por eso, no permitas que _____ *ame de palabra ni de labios para afuera, sino con hechos y de verdad.*
1 JUAN 3.17-18

No permitas que _____ olvide practicar la hospitalidad, pues gracias a ella algunos, sin saberlo, hospedaron ángeles. Haz que se acuerde de los presos, como si ella fuera su compañera de cárcel, y también de los que son maltratados, como si fuera ella misma la que sufre. HEBREOS 13.2-3

Permite que _____ tienda la mano al pobre, y con ella sostenga al necesitado. PROVERBIOS 31.20

Gracias por mostrarnos compasión. Oro para que _____ siga tu ejemplo al ser clemente y compasivo, lento para la ira y grande en amor. SALMOS 103.8

Llena a _____ con tu Espíritu Santo, que produzca el fruto del Espíritu: amor, alegría, paz, paciencia, amabilidad, bondad, fidelidad, humildad y dominio propio.

GÁLATAS 5.22-23

Permite que _____ esté dispuesto a perdonar no siete veces, sino setenta veces siete, de manera ilimitada. Permítele tener compasión por los demás, y que actúe con paciencia y misericordia en todas las cosas. MATEO 18.21-35

CAPÍTULO 8

Ora por dominio propio, diligencia y disciplina personal

Ciertamente, ninguna disciplina, en el momento de recibirla, parece agradable, sino más bien penosa; sin embargo, después produce una cosecha de justicia y paz para quienes han sido entrenados por ella.

HEBREOS 12.11

Megan y Chip tienen dos hijos. Por lo general, uno es alegre, dócil y deseoso por agradar; el otro, a menudo, es desafiante, desobediente y proclive a ataques de ira. Son los mismos padres pero los hijos son diferentes. Su condición ejemplifica lo que casi todos los padres saben: algunos niños nacen con la tendencia a la disciplina personal y al dominio propio, y otros, no. Pero eso no significa que los «renegados» no necesitan esas virtudes o que no puedan adquirirlas. De hecho, los hijos carentes de esos atributos *deben* aprenderlos si quieren convertirse en adultos productivos, satisfechos y felices. Considera las siguientes advertencias del libro de Proverbios:

- «Como ciudad sin defensa y sin murallas es quien no sabe dominarse».
- «El que refrena su lengua protege su vida, pero el ligero de labios provoca su ruina».

- «El perezoso ambiciona, y nada consigue; el diligente ve cumplidos sus deseos».
- «Al malvado lo atrapan sus malas obras; las cuerdas de su pecado lo aprisionan. Morirá por su falta de disciplina; perecerá por su gran insensatez».[1]

No conozco a ningún padre que quiera comparar a sus hijos con una ciudad sin defensas ni murallas. Tampoco a ninguno que desee la ruina, la insatisfacción o la muerte de sus hijos. No obstante, sin disciplina personal, dominio propio y diligencia, ese es, exactamente, el futuro que les aguarda.

¿Suena extremista? Quizá sí, pero no necesitas mucha imaginación para prever las posibilidades: a la chica que no aprende a hacer lo *correcto* en lugar de lo que *se siente bien,* un día puede resultarle fácil ser infiel o abandonar a su esposo cuando las cosas se pongan difíciles. Con el correr del tiempo, el joven que no aprende a ser perseverante y no muestra disciplina personal puede terminar saltando de empleo en empleo, insatisfecho y listo para renunciar cuando el aburrimiento aparezca o las presiones comiencen a acumularse. Y, ¿cómo podemos evitar que un chico carente de dominio propio se convierta en un adulto sin control sobre su apetito por la comida, el dinero, el sexo, la ira y la violencia?

En contraste, el futuro luce prometedor para los chicos que aprenden a ejercitar la disciplina personal, la diligencia y el dominio propio. Proverbios 10.4 dice: «Las manos ociosas conducen a la pobreza; las manos hábiles atraen riquezas». Hebreos 12.11 promete los beneficios de la disciplina: «Una cosecha de justicia y paz para quienes han sido entrenados por ella». 2 Pedro

1.5-8 relaciona atributos como el dominio propio y la perseverancia con el cristianismo eficaz.

¿Qué escenario prefieres para tus hijos: pobreza, insatisfacción e intranquilidad o riqueza, justicia y paz? ¿Quebrantamiento, ruina y muerte o una vida productiva y eficaz? Si escoges las últimas características, debes saber que la diligencia y el dominio propio no son opciones en la vida de tus hijos. Son aspectos obligatorios sin los cuales la felicidad, el contentamiento y la satisfacción genuina son imposibles de obtener.

───────── **Principio de oración** ─────────

Cuando oras para que tus hijos aprendan diligencia y dominio propio, estás orando para que Dios les conceda atributos absolutamente esenciales para un futuro feliz y exitoso.

Aprende a ver las pruebas como maestras

Aunque el dominio propio, la diligencia y la disciplina personal pueden abrirnos las puertas a la felicidad, eso no siempre sucede con facilidad. Adquirir esos atributos puede ser difícil para los hijos *y* para los padres.

Años atrás, escuché a la escritora Susan Yates decir que con sus amigas a menudo oraba para que si sus hijos adolescentes estaban haciendo algo malo, fueran atrapados. Pensaban que era preferible atraparlos a una edad relativamente temprana y así aprender una lección importante, que crecer y nunca pagar las consecuencias ni adquirir atributos como la disciplina personal y el dominio propio.

Una de las madres de nuestro grupo de los viernes por la mañana no tuvo que esperar hasta la adolescencia de sus hijos para hacer la misma oración de Yates. Durante varias semanas, su hijo, que en ese entonces cursaba el primer grado, llegaba a casa con artículos «extras» en su mochila: lápices, borradores y otros «premios» escolares que aseguraba ganarse por su trabajo. Bajo la sospecha de que algo andaba mal, la madre contactó a la maestra del chico, quien confirmó sus temores: los objetos del salón estaban desapareciendo, ¡y su hijo era el principal sospechoso! El único problema era que no lo había descubierto en el acto, y él se negaba a admitir sus faltas.

La tentación para la mayoría de las madres (incluyéndome) podría ser esconder bajo la alfombra las evidencias que incriminan a un hijo y sencillamente pedirle a sus amigas orar por «la difícil situación» por la que atraviesa. Pero no la madre de esta historia. Nos relató lo sucedido, y nos pidió orar específicamente para que atraparan a su hijo, que admitiera ser un mentiroso y un ladrón y que se sintiera arrepentido por su pecado.

Orar por un niño de primer grado en una forma tan decidida me pareció divertido, hasta que recordé lo sucedido a un grupo de estudiantes de secundaria cuyos padres escogieron ver el comportamiento de sus hijos con otros ojos. La ceremonia de graduación se aproximaba, y las autoridades de la escuela advirtieron a los estudiantes que no tolerarían las bromas del fin del año escolar. Si alguno era sorprendido en desacato, no podría asistir a la fiesta de graduación de la escuela ni participar en otras ceremonias.

Varios estudiantes ignoraron las advertencias y esparcieron aceite de motor por todo el vestíbulo de la escuela y se felicitaban entre sí por haber opacado las bromas de las clases anteriores.

Cuando fueron descubiertos, quedaron perplejos al confirmar que no podrían asistir las festividades de cierre del año. La incredulidad pronto se convirtió en enojo, y la broma fue el centro de las conversaciones en nuestra ciudad.

La falta de respeto evidente de esos estudiantes hacia las advertencias recibidas era sorprendente, pero aun más lo era la reacción de los padres. Algunos concordaron con la decisión de la escuela, sin embargo, un número sorprendente de ellos apoyó el mal comportamiento de sus hijos, despotricó contra los administradores de la escuela y amenazó con todo tipo de represalias. Sentí pena por esos adolescentes. Pensé: *quizá si sus padres hubiesen orado (y fomentado) para que sus hijos tuvieran dominio propio cuando robaban lápices en primaria, el carácter de esos chicos, siendo pulido, hubiese brillado en sus años de adolescencia.*

Con el tiempo, atraparon a nuestro pequeño ladronzuelo de primer grado, quien demostró arrepentimiento genuino por sus actos. Al leer Proverbios 19.18 («Corrige a tu hijo mientras aún hay esperanza; no te hagas cómplice de su muerte»), admiré a mi amiga del grupo de los viernes por la mañana. Al orar para que su hijo fuese atrapado y al utilizar la experiencia de la disciplina y el dominio propio, le enseñó un regalo invaluable de esperanza y vida.

Principio de oración

Orar para que tus hijos adquieran diligencia, disciplina personal y sentido de responsabilidad a menudo exige que estés dispuesta a permitirles aprender de sus errores así como de sus penas y dificultades.

Haz lo mejor que puedas, y déjale el resto a Dios

Me dio risa el otro día que escuché a una amiga contar que en cada reunión de padres de familia de la escuela a las que siempre asistía por uno de sus chicos, la maestra le había entregado un libro de «cómo» ser padres. Por otro lado, me identifiqué con la frustración de otra amiga por la deficiencia académica de su hijo. Ella pensaba que su hijo había «superado» sus fallas y, por fin, había aprendido a ser disciplinado en las tareas de la escuela. Pensé en nuestras luchas por enseñarles a nuestros hijos a controlar su temperamento, practicar el piano con diligencia, estudiar para sus exámenes *antes* del último minuto, ser responsables en mantener sus habitaciones ordenadas, permanecer sentados cuando comían en la mesa (se salían con demasiada frecuencia), mostrar buenos modales y la lista podría seguir.

Mi punto es que ninguno de nuestros hijos es perfecto, incluso los que parecen haber nacido con una dosis de diligencia y dominio propio. Sin importar cuán efectivos seamos como padres o cuánto nos dediquemos a disciplinar, animar y orar por ellos, nuestra labor nunca «terminará». Además, cometeremos errores en el camino. Los expertos en crianza de niños nos piden ser «constantes», pero todavía no he conocido una madre que no se sienta cansada, frustrada o desconcertada, en especial, cuando sus mejores esfuerzos resultan contraproducentes.

No obstante, la buena noticia es que Dios no deja que hagamos el trabajo solas. Cuando intercedemos por nuestros hijos, también invitamos a Dios a hacer su obra en sus vidas. Así lo afirma Filipenses 1.6: «El que comenzó tan buena obra en ustedes la irá perfeccionando hasta el día de Cristo Jesús». Sin duda, este es un versículo inspirador para las madres cansadas y frustradas, y para quienes oramos por nuestros hijos y los entregamos ¡al cuidado de Dios!

De hecho, durante el año pasado oré por Hillary sobre la base de ese versículo. Y, como siempre lo hace, Dios se mantuvo fiel a sus promesas. Después de haber pasado semanas orando por Hillary para que mostrara diligencia y responsabilidad con sus tareas, recibimos su reporte escolar con calificaciones excelentes. Aun más, su maestra (quien no tenía idea de mis oraciones) había escrito una nota: «Hillary ha trabajado con diligencia y ha demostrado gran responsabilidad para aprender y completar sus tareas». De entre todas las cosas que la maestra *podría* haber comentado, remarcó ¡la diligencia y la responsabilidad de Hillary! El comentario de la maestra no solo fortaleció nuestra convicción de que Dios escucha nuestras oraciones, sino que también le mostró a Hillary la evidencia tangible del amor y fidelidad de su Padre celestial, atributos en los cuales puede depender en su proceso de crecimiento.

─────── Principio de oración ───────

Cuando oras para que Dios trabaje en la vida de tus hijos,
puedes confiar en su promesa de terminar la labor.

Preparada para la oración

Si acaso piensas que las historias sobre calificaciones buenas y trabajo diligente son la norma en nuestra familia, me trago mi orgullo y te digo la verdad: por cada respuesta a nuestras oraciones, siempre aguarda un nuevo desafío (u otro hijo).

Por ejemplo, mientras escribo esto, estamos derramando oraciones por la vida de Robbie, quien, a punto de llegar a su cumpleaños número cuatro, necesita con desesperación una dosis de dominio propio.

El otro día, lo escuché insultar a uno de sus amigos. Llegué de prisa a la escena del crimen, dispuesta a lanzar el mejor sermón contra «las malas palabras», pero lo que salió de mi boca no fue un sermón, sino un versículo para orar, simple y sencillo, tomado de Proverbios 9.10: «Haz que Robbie te tema, Señor. Porque ese es el comienzo de la sabiduría; y conocerte es tener discernimiento».

No pensaba decir eso, de hecho, no hubiera podido citar Proverbios 9.10 si me lo hubieran pedido. Pero tan pronto las palabras salieron de mi boca, Robbie vio a su amigo y se disculpó por sus palabras ofensivas. Luego, ambos jugaron felizmente el resto del día, y yo aprendí una lección valiosa: como padres, necesitamos llenar nuestras mentes y corazones con las Escrituras para estar listos para orar con sabiduría y poder en cualquier situación.

Piénsalo: cuando nuestros hijos se comportan mal o batallan contra un problema, no siempre habrá una Biblia a la mano, e incluso, si la tuviéramos, ¿cuántas sabríamos dónde buscar un versículo apropiado para orar? Aun si nunca has memorizado las Escrituras o si tienes un registro de intentos fallidos de «aprender» algún pasaje, inténtalo otra vez y pídele a Dios que te ayude. Comienza con dos o tres versículos que sirvan para «todos los propósitos». Luego, cuando los tengas afianzados, elabora tu «banco de oración» al agregar todos los pasajes que puedas. Entre más deposites, más rápida y efectiva serás para echar mano de las oraciones cuando las necesites.

Algunos de mis pasajes favoritos son: Efesios 4.29 («Eviten toda conversación obscena. Por el contrario, que sus palabras contribuyan a la necesaria edificación y sean de bendición para quienes escuchan»); Salmos 91.11 («Porque él ordenará que sus ángeles te cuiden en todos tus caminos») y Filipenses 1.10 (que mis hijos «disciernan lo que es mejor, y sean puros e irreprochables para el día de Cristo»). Quizá desees escoger otros pasajes que «encajen» mejor con *tus* hijos. Cualesquiera escojas, tómate el tiempo para aprenderlos de memoria. Luego, cuando las necesidades aparezcan, estarás lista para acercarte a Dios a favor de tus hijos.

Oraciones que puedes utilizar

Padre celestial...

Gracias por disciplinar a _____ y por prepararlo para participar de tu santidad. Utiliza esta disciplina, aunque penosa, para entrenarlo y producir cosecha de justicia y paz en su vida.   HEBREOS 12.10-11

Ayuda a _____ a ser sensata y pura, cuidadosa del hogar, bondadosa y sumisa a su esposo, para que no se hable mal de la palabra de Dios.   TITO 2.5

Ayuda a _____ a tener dominio propio. Que tenga integridad, seriedad y un mensaje sano e intachable. Así se avergonzará cualquiera que se oponga, pues no podrá decir nada malo de él.   TITO 2.6-8

Pon un guardia en la boca de _____, oh Señor; que sea cuidadosa con sus labios. No permitas que su corazón se incline a la maldad, ni que sea cómplice de iniquidades.

SALMOS 141.3-4

Haz que _____ descubra sus pecados de manera que se vuelva a ti, Señor, en busca de perdón y de tu benevolente bendición de un nuevo comienzo.   NÚMEROS 32.23

*Haz que _____ añada a su fe, virtud; a su virtud, en-
tendimiento; al entendimiento, dominio propio; al dominio propio, constancia; a la constancia, devoción a Dios; a la devoción
a Dios, afecto fraternal; y al afecto fraternal, amor. Permite que
estas cualidades abunden y se incrementen en _____ y así
crezca en el conocimiento de nuestro Señor Jesucristo, y evite ser
inútil e improductiva.*   2 PEDRO 1.5-8

*Haz que _____ practique el dominio propio y se manten-
ga alerta. Su enemigo el diablo ronda como león rugiente, buscando a quién devorar. Ayúdalo a resistirlo y mantenerse firme
en la fe.*   1 PEDRO 5.8-9

*Prepara la mente de _____ para la acción. Que tengan
dominio propio; que pongan su esperanza completamente en la
gracia que se le dará cuando se revele Jesucristo.*   1 PEDRO 1.13

*Haz que _____ sea diligente, Oh Señor, y cumple sus
deseos.*   PROVERBIOS 13.4

*Haga lo que haga, permite que _____ trabaje de buena
gana, como para ti, Señor, y no como para nadie en este mundo.*
                                  COLOSENSES 3.23

*No le des a _____ un espíritu de timidez, sino de po-
der, de amor y de dominio propio.*   2 TIMOTEO 1.7

ORAR por la SEGURIDAD de tu HIJO

Ora por salud física y seguridad

En paz me acuesto y me duermo, porque sólo tú, Señor,
me haces vivir confiado.

SALMOS 4.8

Antes de que nuestra hija Virginia naciera, una ultrasonografía reveló la existencia de un quiste en su cerebro. Luego de seis semanas en las que oramos por ella sin cesar, el quiste había desaparecido de manera milagrosa; sin embargo, el miedo resultó ser un presagio de las cosas por venir. Para cuando Virginia cumplió tres años, había acumulado una cantidad de hinchazones, protuberancias y moretones suficientes para llenar una buena parte de un libro de texto de la facultad de medicina. Había perdido una uña con la bisagra de la puerta del baño; se había abierto el mentón y hasta tuvimos que reunirnos con un cirujano plástico en la sala de emergencias; se había caído de las escaleras y había adquirido tantos moretones en los ojos y labios partidos que renunciamos a la idea de sacarle fotografías «bonitas» y, en lugar de eso, nos dispusimos a sacarle fotografías «realistas».

Finalmente, cuando Virginia se *comió* una parte del vidrio de un termómetro (nunca encontramos el mercurio, y el Centro de Control de Envenenamiento nos aseguró que los nuevos modelos de termómetros no eran tóxicos), comprendí que debía hacer algo. Ella era fuerte; triturar vidrio con los dientes parecía no inmutarla. No obstante, me preguntaba cuánto le duraría la suerte. Solo tenía cuatro años: ¿qué sucedería en sus años de adolescencia?

Entonces, clamé a Dios: *Señor, ¿te fijas? ¿Qué sucedió con la «cerca de protección» y los «ángeles de la guarda» que te pedí proveyeras para nuestros hijos?*

Casi de inmediato, sentí la respuesta de Dios, quien habló a mi corazón: «*Estoy* protegiendo a Virginia, y, por cierto, he tenido que poner a algunos de mis mejores ángeles a trabajar, ¡solo para mantenerla viva!».

Puede parecer divertido pero, en ese entonces, era el mensaje exacto que necesitaba escuchar. Al percatarme de que Dios en verdad cuidaba del bienestar de Virginia, y que aun cuando yo no podía verla ni protegerla sus ángeles seguían trabajando, mis quejas y acusaciones dieron paso a oraciones de gratitud.

La realidad del ministerio angelical cobró un nuevo significado en nuestras vidas el año pasado. Cada diciembre, le pido al Señor me dé un versículo para orar por nuestros hijos a lo largo del año siguiente, y el año pasado me regaló Salmos 91.11 para Virginia: «Porque él ordenará que sus ángeles te cuiden en todos tus caminos». He orado este pasaje a favor de Virginia muchas veces, y Dios ha sido fiel a su promesa de manera increíble. Desde que empecé a orar por su protección, Dios no solo ha evitado que Virginia sufra heridas que pueden desfigurarla, sino también que se enferme, ¡ni siquiera de una gripe invernal!

Sé que mi oración basada en Salmos 91.11 no es una «garantía» mágica de salud y seguridad. También sé que Dios, por razones que quizá no comprenda del todo, un día puede permitir que

Virginia sufra físicamente, pero cuando me detengo a considerar todas las ocasiones pasadas en las que *pudo* haber salido herida (saltando en el trampolín, aprendiendo a andar en bicicleta o por las cosas que, en general, hace una niña) no puedo evitar creer que Dios está haciendo su obra poderosa en responder las peticiones sinceras de una madre, y que los ángeles en verdad están en guardia.

Principio de oración

Las oraciones por la seguridad de tus hijos se pueden cimentar en la certeza de que Dios los ama y siempre está alerta haciendo su obra.

«Señor, ¿por qué sucedió esto?»

Sé que no soy la única madre que ha cuestionado las tácticas de Dios. Incluso, mi amiga Susan, una «gigante espiritual», lo hizo cuando su hijo Michael comenzó a sufrir dolores estomacales fuertes. Su pediatra descartó el problema como algo serio y lo consideró un simple asunto viral. Pero cuando los síntomas persistieron y Susan comenzó a observar sangre en la orina del niño, su esposo Randy y ella decidieron consultar con un especialista. Una variedad de exámenes confirmó sus peores temores: Michael, de solo tres años y medio, padecía la enfermedad de Berger, un padecimiento que, según los doctores, es casi siempre letal.

Susan se sintió derrotada por la tristeza y la confusión. ¿Por qué le sucedía esto a su hijo precioso? ¿Pudo prevenirlo? ¿Le habría dado mucha leche cuando era bebé? ¿Habría omitido algo crucial en su dieta? ¿Dios la castigaba por algún pecado no confeso?

En medio de acusaciones hacia sí misma y hacia Dios, Susan tomó su Biblia y buscó Juan 9, el pasaje programado para leer en su estudio bíblico. En él, Jesús cuenta la historia de un hombre ciego desde su nacimiento. Los discípulos le preguntan a Jesús: «Rabí, para que este hombre haya nacido ciego, ¿quién pecó, él o sus padres?».

Susan sintió que el corazón saltó a la garganta cuando leyó la respuesta de Jesús: «Ni él pecó, ni sus padres, sino que esto sucedió para que la obra de Dios se hiciera evidente en su vida».

Esto sucedió para que la obra de Dios se hiciera evidente en su vida. Al leer esas palabras, Susan sintió que la paz de Dios brotó en su interior, y se dio cuenta del control del Señor sobre la situación. Por primera vez desde el comienzo del sufrimiento de Michael meses atrás, Susan se sintió dispuesta y capaz de apartar sus deseos (que su hijo recibiera sanidad), y comenzó a interceder con lo que ella denomina «oraciones del cuadro completo». Susan oraba por la niña de al lado de la cama de Michael en el hospital y por el impacto que la fe de su familia podría ejercer en la niña y en su familia. Oraba por los doctores y demás personal médico. Oraba por Michael, para que viera la providencia y la bendición de Dios aun en medio de su temor y dolor. Y, sobre todo, oraba para que Dios fuera glorificado.

Susan me dijo: «Pensar que la enfermedad de Michael era una oportunidad para que Dios obrara me liberó. Fui capaz de apartar mi vista de nuestros problemas y enfocarme en los propósitos de Dios». Y los propósitos de Dios resultaron ser gratamente sorpresivos: la «enfermedad» de Michael solo resultó ser un cálculo renal, algo muy doloroso pero de fácil extracción y ¡para nada letal!

══════ Principio de oración ══════

Orar por la salud y la seguridad de tus hijos te ayuda a mantener tus ojos puestos en Jesús, no en las circunstancias.

De la tragedia al triunfo

Resultaría difícil encontrar una madre que no entendiera o se identificara con el temor y la confusión inicial de Susan. Cualquiera que haya «perdido» a un hijo por un breve tiempo en una playa concurrida de bañistas, o entre los estantes de una tienda por departamentos, puede atestiguar que no se requiere mucho para activar nuestros instintos maternales. Y en una época cuando las amenazas a la seguridad de nuestros hijos parecen acechar en cada esquina, nuestros temores, justificados o no, con facilidad disparan nuestra imaginación.

De forma rutinaria, en nuestro grupo de Madres Unidas para Orar clamamos por la seguridad de nuestros hijos, ya sea en la escuela como en su trayecto desde y hacia esta. El año pasado, un niño de primer grado fue atropellado al cruzar la calle para abordar el bus escolar. Todas conocíamos al chico y su familia, y durante ese día clamamos al Señor por su vida y esperamos noticias de su condición. Más tarde, cuando supimos que había muerto, nuestro dolor individual y colectivo era inmensurable.

Mi corazón clamaba: *¿Por qué, Señor? Habíamos orado por este chico por nombre, ¿cómo pudiste dejarlo morir? ¿No estaba su nombre esculpido en la palma de tus manos?*[1]

No sé por qué Dios permitió la muerte de ese niño precioso. Sin embargo, mientras oraba por su familia, el Señor me recordó

Isaías 55.8-9, el mismo pasaje que me dio años atrás cuando dos de mis amigos más cercanos murieron en un accidente aéreo: «Porque mis pensamientos no son los de ustedes, ni sus caminos son los míos —afirma el *Señor*—. Mis caminos y mis pensamientos son más altos que los de ustedes; ¡más altos que los cielos sobre la tierra!».

En días recientes he encontrado consuelo en saber cómo el rey David manejó la muerte de su propio hijo. El pasaje de 2 Samuel 12.15-23 relata que, durante la enfermedad de su hijo, David era un caso perdido. Se negaba a comer o incluso a levantarse del suelo. Pero cuando el niño murió, su reacción sorprendió a todos. Se levantó, se bañó, se cambió de ropa y salió a adorar al Señor. Cuando sus siervos le preguntaron por su cambio emocional radical, David les explicó que mientras su hijo vivía, ayunaba y lloraba a la espera de que Dios permitiera la vida del niño. «Pero ahora que ha muerto, ¿qué razón tengo para ayunar? ¿Acaso puedo devolverle la vida? Yo iré adonde él está, aunque él ya no volverá a mí».[2]

Yo iré adonde él está. En esa frase simple David revela su entendimiento de la eternidad. Para los cristianos, la muerte nunca es el fin. Y para quienes pierden a sus hijos aquí en la tierra, no puedo hallar una visión más inspiradora que una reunión celestial con sus seres amados. Nuestros dolores y penas terrenales pueden parecer interminables, pero, como el rey David debió saber, no se comparan con el gozo ilimitado de la vida en el «otro lado».

Con el riesgo de sonar como una optimista empedernida, creo que quienes confían en la bondad de Dios también pueden experimentar una medida de gozo en *este* lado del cielo. Fern Nichols, fundadora y presidenta de Madres Unidas para Orar (anteriormente Madres que Oran), advierte que, a pesar de los intentos de Satanás por desanimarnos y derrotarnos, «Dios puede convertir la tragedia en triunfo. Lo hace de manera constante para quienes lo aman».[3]

Quizá no exista otro lugar donde esa transformación sea más evidente que la secundaria Columbine, donde doce adolescentes y un maestro murieron a manos de dos estudiantes armados el 20 de abril de 1999. Pese al inmenso dolor, pastores locales, maestros, estudiantes e incluso padres de los estudiantes asesinados han visto la mano de Dios en el avivamiento espiritual que ha convertido a Columbine en un punto de contacto nacional. Alisa Long, líder del grupo de Madres Unidas para Orar en Columbine, escribió lo siguiente:

> Habíamos orado para que Columbine fuera una luz para el resto del mundo. Dios respondió nuestras oraciones más allá de lo que pudimos imaginarnos. En toda mi vida, nunca había visto a Dios obrar de manera tan evidente…
>
> Las personas indiferentes a Dios, las personas que se preguntaban quién era Dios, aquellos que lo habían dejado de lado ahora vuelven a pensar en él. Hasta estudiantes de corazón duro decían: «Vi a Dios en Columbine». Nuestra visión limitada ha desaparecido al ver al Señor en acción y saber que «era Dios».
>
> … Lo que Satanás maquinó para destrucción, Dios lo restauró cien veces. En lugar de perder hijos en la escuela, el Señor ha incrementado su redil.
>
> Mi mensaje a las madres es que sigan orando. Él está ahí. No las olvidará.[4]

────────── **Principio de oración** ──────────

Siempre puedes orar con confianza y saber que lo que
Satanás maquina para dañar, Dios lo utiliza para el bien,
aun cuando el ojo humano no ve ninguna posibilidad de
cambiar la tragedia en triunfo.

Preparada para la oración

Cuando oro por la salud y la seguridad de mis hijos, los incidentes como el tiroteo en Columbine rondan mis pensamientos. Aun así oro por su protección con confianza, sabiendo que,
como la madre de Columbine lo expresó, «Dios está ahí, y no
nos olvidará».

¿Cómo puedo estar tan segura? Primero, porque Dios prometió que me *escucharía* cuando dijo: «Clama a mí y te responderé».[5] Y no solo eso, pues sé que cuando transformo las promesas de Dios en oraciones por mis hijos, las palabras tienen poder.
Isaías 55.11 dice que la Palabra de Dios no regresará vacía, sino
que cumplirá sus deseos y propósitos. Quizá esos propósitos no
sean los mismos que deseo, pero porque sé que Dios observa «el
cuadro completo», puedo descansar segura en la confianza de
que su perspectiva es la correcta.

También sé que Dios ama a mis hijos y que en verdad desea lo
mejor para ellos. Romanos 8.28 dice: «Ahora bien, sabemos que
Dios dispone todas las cosas para el bien de quienes lo aman, los
que han sido llamados de acuerdo con su propósito». No quiere
decir que no enfrentaremos la adversidad; de hecho, la Biblia
asevera que sí lo haremos. (Ver, por ejemplo, Mateo 13.21; Juan
15.20; 2 Corintios 4.8-9 y 2 Corintios 12.10.) Sin embargo,

cuando Dios permite el sufrimiento de mis hijos, sé que lo utilizará para edificar su fe, paciencia y fortaleza.

Por encima de todo, mi confianza al orar por la protección y seguridad de mis hijos reside en el hecho de que Dios envió a su único hijo a sufrir y morir en la cruz. Sin haber experimentado jamás la pérdida de un hijo, solo puedo imaginar cómo la agonía amarga de Cristo punzó el corazón del Padre. Si Dios permitió que eso sucediera, es inconcebible que cerca de dos mil años después, vuelva su rostro y le entregue a Satanás la victoria final sobre la vida de mis hijos. Si así fuera, se negaría su poder ilimitado, sería una burla a su amor eterno y volvería inútil la muerte de Cristo.

En otras palabras, sería impensable.

Oraciones que puedes utilizar

Padre celestial...

Oro para que _____ *goce de buena salud, así como prospera espiritualmente.* 3 Juan 2

No permitas que _____ *sea sabio en su propia opinión; más bien, haz que te tema y huya del mal. Has prometido que esto le infundirá salud a su cuerpo y fortaleza a su ser.*

Proverbios 3.7-8

Frente al ataque de matones o cualquier otro malvado, por favor ayuda a _____ *y líbralo. Sálvalo del mal, porque en ti pone su confianza.* Salmos 37.40

Permite que _____ *se acueste y duerma en paz. (¡Dios debió tener en mente a las madres con recién nacidos o hijos enfermos cuando nos dio este versículo!)* Salmos 4.8

Gracias por haber redimido a _____ *y haberla llamado por su nombre. Cuando cruce las aguas (pruebas, tentaciones, presión grupal, sufrimientos y cosas similares) permanece con ella. Cuando cruce los ríos, no dejes que la cubran sus aguas; cuando camine por el fuego, no dejes que se queme.*

Isaías 43.1-2

Permítele a _____ alegrarse y buscar refugio en ti; que cante siempre jubiloso. Extiende tu protección sobre _____, y que en ti se regocije. SALMOS 5.11

Señor, tú eres fiel, por favor, fortalece a _____ y protégelo del maligno. 2 TESALONICENSES 3.3

Dale la victoria a _____ y sé su escudo. Cuida su sendero y protege su camino. PROVERBIOS 2.7-8

Gracias porque Jesús llevó al madero nuestros pecados. Por sus heridas _____ ha sido sanado. 1 PEDRO 2.24

Permite que _____ habite al abrigo del Altísimo y se acoja a la sombra del Todopoderoso. Sé tú su refugio, su fortaleza, el Dios en quien confía. No dejes que tema al terror de noche, o a ningún tipo de plaga o enfermedad. No permitas que _____ sufra algún daño o calamidad. Ordena que tus ángeles lo cuiden en todos sus y mantenlo a salvo de sí mismo. Líbralo y hónralo. Dale a _____ larga vida y muéstrale tu salvación. SALMOS 91

CAPÍTULO 10

Ora por
protección espiritual

Y no nos dejes caer en tentación,
sino líbranos del maligno.
MATEO 6.13

Recuerdo el sueño como si hubiera sucedido ayer. Escuché el sonido del timbre de la puerta, y al abrirla, seis o siete niños se apuñaban en las escaleras frontales de nuestra casa. Tenían un aspecto andrajoso, y se empujaban entre sí para encontrar espacio en nuestro pequeño porche. Los saludé, pero de pronto noté que no me observaban sino que intentaban echar un vistazo a nuestra sala.

«¡Vengan con nosotros!», susurraron, estirando sus cuellos y dándose de codazos. «¡Vengan con nosotros!».

De manera instintiva supe que esos chicos, cuyos rostros no lograba distinguir con claridad, les hacían señas a mis hijos. No sabía por qué deseaban que nuestros hijos salieran o lo que querían hacer, solo que tenían intenciones feas y malvadas, algo en lo cual Robbie y yo no deseábamos que participaran o incluso supieran.

«¡Vengan con nosotros!».

A medida que los susurros se hacían más fuertes y persistentes, me puse firme y les impedí que observaran mi casa. No estaba

122

enojada, solo decidida. Les dije: «No pueden hacer esto. Hemos orado por los niños de esta casa desde antes de su nacimiento y ¡ustedes no tienen autoridad aquí!».

Con eso, el grupo desapareció y dejó el umbral vacío.

El sueño me dejó una fuerte impresión, y, unos cuantos días después, lo relaté en mi grupo de oración. Les dije: «Pienso que el Señor quiere decirnos que nuestras oraciones son realmente determinantes, y desea recordarnos que al orar por nuestros hijos no podemos hacerlo como si se tratase de una rutina o con poco entusiasmo. Necesitamos orar por nuestros hijos con la misma tenacidad y determinación con las cuales ahuyentaríamos a un perro salvaje o alguna otra amenaza visible».

Orar para que Dios proteja a nuestros hijos talvez sea la oración más frecuente de una madre. Pero a menudo, nuestras oraciones se enfocan en la protección *física* e ignoran los peligros, invisibles pero increíblemente potentes, del reino *espiritual*. Esas amenazas invisibles son muy reales. Como lo dice Efesios 6.12: «Porque nuestra lucha no es contra seres humanos, sino contra poderes, contra autoridades, contra potestades que dominan este mundo de tinieblas, contra fuerzas espirituales malignas en las regiones celestiales».

Ignorar a Satanás o negar que él y sus demonios actúan hoy día es caer directamente en sus manos. C. S. Lewis lo describió así: «La raza humana puede caer en dos errores iguales y de signo opuesto. Uno consiste en no creer en su existencia. El otro, en creer en los diablos y sentir por ellos un interés excesivo y malsano. Los diablos se sienten igualmente halagados por ambos errores, y acogen con idéntico entusiasmo a un materialista que a un hechicero».[1]

¿Cómo son «los poderes de este mundo de tinieblas»? Con el riesgo de parecer paranoica, las marcas de Satanás se encuentran en todas partes: libros, música, películas, sectas y religiones falsas. Satanás puede arrastrarse hacia nuestras vidas cuando otros aspectos o intereses comienzan a tomar el puesto de Dios, llámense deportes, posesiones, carreras, logros y cosas parecidas. Su influencia puede aparecer de manera obvia (como la brujería) u ocultarse en engaños más sutiles (como la «religión» del humanismo secular). No siempre es fácil detectar su forma. La Biblia dice que Satanás «se disfraza de ángel de luz», y sus siervos como «servidores de la justicia».[2]

Sin embargo, el propósito de este capítulo no es señalar a nadie ni ponerte nerviosa en cuanto al diablo y sus compinches, sino recordarte que existen y animarte a orar por la protección de tus hijos. Recuerda que para quienes pertenecen a Dios, no hay razón para temer. El pasaje de 1 Juan 4.4 nos lo recuerda: «Porque el que está en ustedes (ese es Cristo Jesús) es más poderoso que el que está en el mundo».

Principio de oración

Ora por la protección espiritual de tus hijos con gozo, fe y confianza, sabiendo que Cristo Jesús es más grande que cualquier fuerza oscura que habita en el mundo.

Somos débiles, pero él es fuerte

Nathan ansiaba viajar a Bosnia con su padre, Dennis. Ese viaje misionero no solo les permitiría a Nathan y a otras personas de su iglesia enseñar inglés a los bosnios (y así ofrecerles esperanza para su futuro económico), sino también, según lo planificado, predicar el evangelio a personas que nunca lo habían escuchado. En especial, a Nathan le emocionaba su papel individual dentro del equipo misionero: por ser un atleta sobresaliente, entablaría relaciones de amistad con los niños bosnios mediante clases de baloncesto diseñadas para sacar a los chicos de las calles y presentarles a Jesús.

En preparación para el viaje, Nathan y su familia habían memorizado Salmos 121, en el cual Dios promete «no dejar que nuestro pie resbale» y «protegernos de todo mal». A sus dieciséis años, Nathan se sentía prácticamente invencible. Por eso, justo antes de la salida a Bosnia, quedó estupefacto cuando descubrió que una masa persistente en su clavícula podría ser cancerígena. Luego de varios exámenes, se concluyó que lo que Nathan tenía no era más que un crecimiento muscular; no obstante, el temor temporal sustituyó su sentimiento de «invencibilidad» por uno de dependencia de Dios.

Tal dependencia resultó ser crucial cuando Nathan llegó a Bosnia, sin su equipaje. ¿Cómo podría enseñar baloncesto sin el equipo necesario? Para empeorar las cosas, justo cuando estaban listos para arrancar las clases de baloncesto, Nathan quedó al margen por una lesión en la rodilla, precisamente el día que debía dar su testimonio cristiano ante los bosnios.

No había duda de que Nathan estaba bajo un ataque espiritual. Pero cuando su madre, Mónica, supo lo sucedido, su confianza en la provisión y protección de Dios no se desvaneció. «Prometiste que su pie no resbalaría o caería», le recordaría a Dios, citando Salmos 121. «También prometiste guardarlo de todo mal. No sé lo que estás haciendo en la vida de Nathan,

Señor, pero te alabo porque tus propósitos son más grandes que los nuestros».

Al final, Nathan no jugó baloncesto como pensó que lo haría. En lugar de ello, quedó en deuda con los bosnios y mostró humildad ante la actitud de agradecimiento y generosidad de ellos al cuidarlo de su lesión. Satanás había intentado estorbar el testimonio de Nathan, sin embargo, una vez más, Dios utilizó las circunstancias para impulsar el evangelio, tanto en la vida de Nathan como en la de los niños bosnios. Nathan aprendió sobre la humildad y el arte de recibir amor. Esa experiencia le permitió estrechar lazos y hablar con sus anfitriones bosnios, algo que quizá no hubiese sido posible en la cancha de baloncesto. Después, Nathan concluyó que Dios llamó su atención y demostró que su poder se perfecciona en la debilidad.[3]

Principio de oración

Cuando Dios permite que tus hijos tropiecen o caigan, te está dando la oportunidad de orar para que su poder se manifieste en sus vidas y su fortaleza se perfeccione en su debilidad.

Protección en la presencia de Dios

El hijo adolescente de Allison, Eric, estudiaba en una escuela privada donde los servicios semanales de la capilla servían como un recordatorio vago del origen religioso de la escuela. La mayoría de los predicadores que se presentaba en la capilla apoyaba la fe cristiana, sin embargo, de vez en cuando los administradores de la escuela invitaban a representantes de otras religiones mundiales para dirigirse a los estudiantes con el fin de enseñarles sobre su fe y resaltar el énfasis que la escuela ponía en la diversidad.

Un día, Eric le dijo a su madre: «Mañana, un hindú hablará en la capilla. Algunos estudiantes no están muy contentos por ello, pero no hay nada que podamos hacer».

Allison sabía a quienes se refería al decir «algunos». Eran sus amigos más cercanos, y la mayoría de ellos creía en Jesucristo. «¿Ya oraste por eso?», indagó Allison.

Eric respondió: «No, a la verdad, no. ¿Orarías, mamá?».

Allison y Eric oraron según Filipenses 4.7, para que la paz de Dios que sobrepasa todo entendimiento guardara los corazones y las mentes de todos los estudiantes que asistirían el servicio de la capilla.

Al siguiente día, Eric entró por la puerta de la cocina y su rostro lucía sonrojado por la emoción. Exclamó: «¡Mamá! ¿A que no adivinas lo que pasó? Hoy, cuando el hindú comenzó a hablar, ¡casi todos se durmieron! Vi a mi alrededor, y no podía creerlo: los chicos y yo orábamos durante el servicio, y creo que Dios nos oyó. Nadie escuchaba al conferencista; ¡la audiencia parecía estar durmiendo u orando!».

Al enterarme de esa experiencia, recordé cuando Ana envió a su hijo Samuel a vivir con Elí, el sacerdote del templo.[4] Así como Allison no podía acompañar a su hijo a la escuela, tampoco Ana podía quedarse con Samuel (quien era solo un niño pequeño) cuando lo llevó al templo. Nos quedaríamos cortos al decir que la atmósfera del templo no era propicia para vivir en santidad ni crecer en lo espiritual, ya que los hijos de Elí eran hombres malvados que de manera constante sustraían la carne de los sacrificios y dormían con las mujeres que servían fuera del templo.

Sin embargo, Ana nunca titubeó en su determinación de entregarle su hijo al Señor. En lugar de preocuparse por él, oró, se regocijó en lo que Dios había hecho por ella y confió en que guardaría los pies de sus santos y silenciaría a los malvados. Su oración, registrada en 1 Samuel 2.1-10, es un modelo maravilloso que las madres de nuestra época pueden utilizar.

No podemos acompañar a nuestros hijos a todas partes, pero, sin duda, Ana sabía que nuestras oraciones sí pueden. Es aun más alentador saber que incluso cuando no podemos estar siempre al lado de nuestro hijo, *Dios puede.* Ana le entregó su hijo a Dios, y Samuel «crecía en la presencia del Señor».[5]

Hoy día, frente a las amenazas y los peligros que nuestros hijos enfrentan, muchos de los cuales escapan de nuestra vista, saber que Dios está con ellos es de gran alivio. Él los acompañará donde sea que vayan, ya sea al otro lado del mundo en un país extranjero o al otro lado de la calle donde vive su amigo.

Principio de oración

Orar para que tus hijos «crezcan en la presencia del Señor» es una valiosa forma de pedir por su protección, tanto en el presente como en los años venideros.

Preparada para orar

Cuando hablamos de orar por protección espiritual, las Escrituras están llenas de imágenes de batallas y descripciones vívidas de las «armas» que los cristianos debemos usar cuando libramos la guerra contra el maligno. He descubierto que la mejor manera de preparar a mis hijos para las batallas que enfrentarán es vestirlos en oración con la «armadura de Dios» detallada en Efesios 6.10-18.

Primero, oro para que sean fuertes en el Señor y no dependan de su propia fuerza de mente o voluntad. Luego, los visto con la armadura pieza por pieza: el cinturón de la verdad, la coraza de la justicia, los pies dispuestos a proclamar el evangelio, el escudo de la fe (útil para apagar las flechas encendidas de Satanás), el casco de la salvación y la espada del Espíritu que es la Palabra de Dios. Finalmente, le pido a Dios que los mantenga alertas y listos para orar de manera efectiva en toda ocasión.

Si tus hijos están muy pequeños y todavía necesitan ayuda para vestirse en la mañana, puedes convertir ese ritual diario en una sesión poderosa de oración mientras los vistes con sus prendas, tanto físicas como espirituales. Si están grandes, puedes orar para que vistan la armadura de Dios mientras doblas sus prendas lavadas, les compras ropa o empacas sus maletas para el campamento de verano. Encuentra una palabra o una tarea útil con la que puedas asociar la oración. Mientras ores por tus hijos, recuerda la promesa de Salmos 34.7: «El ángel del Señor acampa en torno a los que le temen; a su lado está para librarlos».

Oraciones que puedes utilizar

Padre celestial...

Protege a _____ de todo mal. Cuídalo en el hogar y en el camino, desde ahora y para siempre.   SALMOS 121.7-8

No dejes a _____ caer en tentación, sino líbrala del maligno.   MATEO 6.13

Rodea de protección y bendición a _____ y de todo lo que posee.   JOB 1.10

Dale a _____ las armas necesarias para derribar fortalezas, argumentos y toda altivez que se levanta contra tu conocimiento Señor. Ayúdale a _____ a llevar cautivo todo pensamiento para que se someta a Cristo.

2 CORINTIOS 10.4-5

Ayuda a _____ a someterse a ti, oh Dios. Que resista al diablo, y que él huya de _____. Acércalo a ti.

SANTIAGO 4.7-8

*No quites apartes a _____ de las presiones y prue-
bas de este mundo, sino protégela del maligno. Recuérdale que te
pertenece a ti y no a este mundo.*   Juan 17.14-15

*Protege a _____ de las trampas que le tienden los enemi-
gos, de las trampas que le tienden los malhechores. Que caigan los
impíos en sus propias redes, mientras él sale bien librado.*
      Salmos 141.9-10

*Muéstrale a _____ despojarse de su viejo ser, el cual está co-
rrompido por los deseos engañosos; y renuévala en la actitud de
su mente. Haz que deje la mentira y hable con la verdad. Si se
enoja, que no peque. Y sobre todo no permitas que _____
haga algo que le dé cabida al diablo.*   Efesios 4.22-27

*Viste a _____ toda la armadura para que puedan hacer
frente a las artimañas del diablo. Ayúdale a mantenerse firme,
ceñido con el cinturón de la verdad y con la coraza de justicia en
su lugar. Calza sus pies con la disposición de proclamar el evangelio de la paz. Dale el escudo de la fe, con el cual puede apagar
todas las flechas encendidas del maligno. Colócale el casco de la
salvación en su cabeza y la espada del Espíritu en sus manos,
que es la Palabra de Dios. Finalmente, enséñale a orar y a estar
alerta.*   Efesios 6.11-18

Aleja de _____ los hombres de corazón perverso, y no permitas que ninguna maldad tenga cabida en ella.

SALMOS 101.4

No permitas que nadie engañe a _____. Haz que practique la justicia y no lo pecaminoso. Gracias por enviar a tu hijo a destruir las obras del diablo. 1 JUAN 3.7-8

CAPÍTULO 11

Ora por bienestar emocional

¡Te alabo porque soy una creación admirable!
¡Tus obras son maravillosas,
y esto lo sé muy bien!
SALMOS 139.14

Hace varios años, a mi amiga Lucy le pidieron relatar su testimonio ante un grupo de mujeres que se reunía para estudiar la Biblia. Casi se rehusó a hacerlo por no tener una historia que contar, al menos una que podría interesarle a alguien. No había ningún pasado inmundo, ningún período de rebelión juvenil, nada de pensamiento ateo ni episodios de duda espiritual. Sin embargo, cuando por fin aceptó participar, sus palabras sirvieron como un gran testimonio del poder del amor.

Lucy relató que sus padres se convirtieron al cristianismo cuando ella era niña, y que su recién adquirida conciencia del amor de Dios influenció sus métodos de crianza de hijos. No perdían oportunidad para recordarles a Lucy y a sus hermanos que le pertenecían al Señor y que habían sido creados a la imagen de Dios.[1] En ocasiones, las lecciones eran planificadas, por ejemplo, cuando animaron a sus hijos a memorizarse los versículos de la Biblia que mencionaban el amor de Dios. En otras instancias, el mensaje de amor y aceptación parecía llegar casi de improviso al decir: «Lucy, creemos que eres maravillosa».

Han transcurrido diez años desde que escuché el testimonio de Lucy; no obstante, a menudo la recuerdo al preguntarme cuántas chicas crecen buscando el amor y la aceptación a través de las relaciones sexuales o la creencia de que su valor propio depende de su apariencia externa. Lo mismo me pasa cuando escucho de chicos convertidos en matones en su búsqueda de aceptación y respeto. O cuando leo de asesinatos u otros crímenes cometidos por «solitarios», «inadaptados sociales» o «marginados» en los patios de las escuelas. No puedo evitar preguntarme si las cosas hubieran sido diferentes si esos chicos hubieran crecido en un hogar como el de Lucy.

No soy psicóloga, y no pretendo entender por qué suceden esas cosas. No obstante, creo con firmeza que el sentido de valor personal de un niño, sus sentimientos de amor y aceptación, su bienestar emocional integral, así como lo que piensa y hace, están más conectados con la identidad en Cristo que con cualquier otra cosa. Si ignora que es precioso antes los ojos de Dios, no por lo que haya *hecho* sino solo por *pertenecerle* al Señor, le resultará prácticamente imposible obtener una salud emocional verdadera.

Pongámoslo de otra manera: no todos los niños pueden obtener calificaciones perfectas, convertirse en el capitán del equipo de fútbol o conseguir el papel principal en la obra de teatro de la escuela. Sin embargo, todos los niños pueden saber lo mismo que Lucy: que fue hecha de manera maravillosa y delicada, que Dios la valoró lo suficiente para enviar a su Hijo a morir por ella y que nada, en lo absoluto, la puede separar del amor de Dios.[2]

━━━━━━━ Principio de oración ━━━━━━━

Pedirle a Dios que tus hijos entiendan «que han
sido creados de manera maravillosa y delicada»,
que le pertenecen a Dios y que son preciosos ante
sus ojos puede establecer el fundamento para la
salud y seguridad emocional de toda la vida.

El aspecto del perdón

Tan pronto como su hija, Megan, llegó a casa de la escuela, Kim
supo que algo andaba mal. Minutos después, la situación salió a
flote: sin reparos, un chico de la clase de Megan había hablado
sobre su peso, y había dicho que era gorda.

Megan balbuceó en voz baja: «Mamá, sé que soy más grande
que las demás chicas de la clase, pero antes nadie me había *dicho*
algo sobre eso».

Kim sintió que las palabras de su hija le perforaban el corazón. Por ser hija de padres sordos, Kim sabía lo que es ser incom-
prendida e incluso objeto de burla de los demás. «Ah, cariño, es
el interior lo que importa, no como te miras. Tú eres una chica
hermosa».

Esa noche, cuando Doug, el padre de Megan, escuchó lo sucedido, confirmó las palabras de Kim. «Para nosotros eres encan-
tadora, por dentro y por fuera. También eres hermosa para Dios.
Pero necesitas perdonar a ese chico por lo que dijo, así como
Dios nos perdona cuando hacemos cosas malas. No puedes permitir que tu enojo, amargura o sentimientos heridos te roben el
gozo», dijo Doug.

Megan oró con sus padres, y escogió perdonar a su compañero por la ofensa. El chico llamó para obtener su dirección e ¡invitarla a una fiesta! Megan aceptó con gusto y su amistad (así como su gozo) se restauró por completo.

El padre de Megan fue sabio al no permitir que la amargura ganara terreno en la vida de su hija. Sospecho que sabía que el perdón es una opción y que no depende de cómo nos *sintamos* (heridos o enojados), sino de lo que *sabemos* (que Dios nos perdona y así nos pide extender nuestra misericordia a otros).[3] Nunca olvidaré mis intentos por convencer a nuestro pequeño vecino Tee de perdonar a Annesley por haberlo golpeado con un juguete. «¿Crees que puedes perdonarla?», pregunté. «Sí», susurró, «¡pero *todavía* duele!».

El perdón no siempre elimina el dolor, y nunca convierte en aceptable lo que alguien dijo o hizo. Sin embargo, nos libera de la atadura de la amargura y prepara el camino para el contentamiento, la paz y el gozo. Al orar por nuestros hijos, pidamos para que amen a sus enemigos, que hagan el bien a quienes los odian, que bendigan a quienes los maldicen y oren por los que los maltratan.[4] Pidamos que reciban un espíritu de perdón, y recordémosles siempre la Regla de Oro: «Traten a los demás tal y como quieren que ellos los traten a ustedes».[5]

══════════════ Principio de oración ══════════════

Orar para que tu hija reciba un espíritu de perdón
es una herramienta para evitar que la amargura y
la ira ganen terreno en su vida.

El secreto del contentamiento y del gozo

Mientras escribía este libro, nuestra familia se mudó de Winston-Salem, Carolina del Norte, a San Diego, California. Sin conocer a nadie en la zona de San Diego y con todos nuestros familiares instalados en la costa este, Robbie y yo nos preguntábamos cómo responderían nuestros hijos cuando les dijéramos que nos mudaríamos. Las imágenes de Hillary llorando durante nuestra última mudanza de Atlanta a Winston-Salem estaban aún frescas en la mente. En ese entonces, solo tenía seis años. ¿Cómo reaccionaría ante otra mudanza a sus diez años, cuando las amistades son mucho más importantes en su vida? Es más, mis cuatro hijos tenían la edad suficiente para comprender las implicaciones de otra mudanza. ¿Cómo reaccionarían?

Cuando les contamos a nuestros hijos, Dios me dio una imagen interesante para usarla con ellos. «Imaginen que es la mañana de Navidad y que los regalos bajo el árbol vienen de parte de Dios. Ya abrieron algunos de ellos. El primero era Atlanta, ¿recuerdan cuánto nos gustaba vivir ahí?».

Los niños asintieron con la cabeza. Hemos seguido en contacto con muchos de nuestros amigos de Atlanta, y nuestra familia atesora los recuerdos del tiempo que pasamos en esa ciudad.

«El siguiente regalo que abrimos fue Winston-Salem. Dios ha sido bueno con nosotros aquí al darnos un hogar, una escuela y los amigos que amamos. Es difícil pensar en dejar este lugar, ¿verdad?».

Una vez más, los chicos asintieron. Ninguno deseaba dejar Carolina del Norte.

«Pero, ¿adivinen qué?», agregué. «Hay otro regalo debajo del árbol, y tiene el nombre de cada uno de nosotros escrito en él.

¿Deseamos abrirlo y ver que más Dios quiere para nosotros? O, ¿deberíamos seguir jugando con los regalos que ya abrimos?».

Hubo dos o tres segundos de silencio mientras los niños pensaban en la pregunta. Luego, casi a una voz, se levantaron de un salto y dijeron: «¡Ábrelo, ábrelo!». Sabiendo cuánto amaban los «regalos» que Dios nos había dado, fueron capaces de aceptar, deseosos y entusiasmados, la idea de otro regalo, es decir, otra mudanza.

No pretendo decir que salir de Winston-Salem fue fácil; nunca resulta divertido despedirse de la gente que uno ama. Tampoco puedo decir que pasamos las primeras semanas en nuestra nueva comunidad sin derramar una lágrima. Sin embargo, nuestros hijos han logrado experimentar el contentamiento y el gozo por saber, en primer lugar, que Dios es bueno; en segundo lugar, que él está a cargo y, tercero, que nos ama y desea lo mejor para nosotros, incluso durante una mudanza al otro lado del país.

Principio de oración

Orar para que tus hijos confíen en las promesas de Dios y dependan de su amor puede convertir sus corazones en un lugar de habitación para el gozo genuino, incluso cuando las cosas vayan mal.

Preparada para la oración

Proverbios 27.19 dice: «En el agua se refleja el rostro, y en el corazón se refleja la persona». Piensa en tus hijos, uno por uno. ¿Cómo son sus corazones? ¿Se caracterizan sus vidas por la paz, el gozo, el contentamiento y la seguridad? O, de continuo, ¿luchan contra la incertidumbre, el desánimo, la depresión y el miedo?

Las actitudes negativas pueden formar hábitos y ser peligrosas para la salud. Así como Proverbios 14.30 lo establece: «El corazón tranquilo da vida al cuerpo, pero la envidia corroe los huesos». Si sientes la necesidad de cambio (o si solo quieres asegurarte de que las tendencias negativas no se conviertan en hábitos), comienza por trabajar en el valor propio de una niña. Que sepa que es preciosa para el Dios de toda la creación, y que le *pertenece*. Lee Salmos 139 en voz alta y anima a tu familia a memorizarse versículos selectos o, mejor aún, el capítulo entero. Ora esos versículos por tus hijos mientras los llevas a la escuela, cuando pienses en ellos durante el día y cuando los arropes en la cama.

Después, lee la epístola a los Filipenses. Es un estudio corto pero poderoso sobre el gozo cristiano, que también ofrece consejos valiosos sobre cómo repeler los ladrones del gozo: las circunstancias, las personas, las cosas y las preocupaciones. Los cuatro ladrones que Warren Wiersbe identifica en su comentario, *Be Joyful* [Gozosos en Cristo].[6] Si en realidad estás decidida a traer gozo a tu hogar, consigue una copia de ese libro y comienza a poner en acción los principios de Filipenses.

Finalmente, reafirma tu confianza en las promesas de Dios. En Juan 15.10-11 (RVR 1960), Jesús dice que si le obedecemos y permanecemos en su amor, su gozo permanecerá en nosotros y nuestro gozo será cumplido. Dios no reserva el gozo para personas alegres o «efervescentes». En su lugar, el gozo piadoso, que viene de confiar y permanecer en el amor de Dios, es para todos.

Cuando ores por tu familia, utiliza la oración del salmista: «De mañana sácianos de tu misericordia, y cantaremos y nos alegraremos *todos nuestros días*».[7]

Oraciones que puedes utilizar

Padre celestial...

Haz que _____ ame a sus enemigos, que haga bien a quienes la odian, que bendiga a quienes la maldicen, que ore por quienes la maltratan. Ayúdale a tratar a los demás tal y como quiere que ellos la traten.   LUCAS 6.27-31

Permite que _____ confiese sus pecados con prontitud, sabiendo que eres fiel y justo para perdonarlo y limpiarlo de toda maldad. No dejes que se ensucie por los errores del pasado, en su lugar, recuérdale que es una nueva creación en Cristo, que ¡lo viejo ha pasado, ha llegado ya lo nuevo!

               1 JUAN 1.9; 2 CORINTIOS 5.17

Oro para que la identidad de _____ esté arraigada y cimentada en el amor de Cristo, que _____ pueda comprender, junto con todos los santos, cuán ancho y largo, alto y profundo es el amor de Cristo; y que conozcan ese amor que sobrepasa nuestro conocimiento, para que sea llena de la plenitud de Dios.   EFESIOS 3.17-19

Permite que _____ sea lleno del gozo del Espíritu Santo. Permite que siempre esté gozoso, orando sin cesar y dando gracias a Dios en toda situación, porque esta es tu voluntad para él en Cristo Jesús.   1 TESALONICENSES 1.6; 5.16-18

No permitas que _____ sea esclava de sus emociones. Cristo la libertó para mantenerse firme y no someterse nuevamente al yugo de esclavitud.   GÁLATAS 5.1

Permite que _____ crezca en sabiduría y estatura como Jesús lo hizo, y cada vez más goce del favor de Dios y de toda la gente.   LUCAS 2.52

Haz que la luz de tu rostro brille sobre _____. Llena su corazón de alegría, que se acueste y duerma en paz.   SALMOS 4.6-8

Muéstrale a _____ que es una creación admirable y delicada, y que tus obras son maravillosas. Enséñale que a tus ojos es preciosa y que la amas.   SALMOS 139.14; ISAÍAS 43.4

Permite que _____ se esfuerce por ganar tu alabanza en lugar de buscar la aprobación de los demás. Muéstrale a _____ que temer a los hombres es una trampa, y que el que confía en ti sale bien librado.   JUAN 5.44; PROVERBIOS 29.25

Concédele a _____ toda la bondad atesorada para ella porque te teme. Cuando sus sentimientos sean heridos, sé su refugio y amparo, y guárdala de las lenguas contenciosas.   SALMOS 31.19-20

Cuando _____ *enfrente el dolor, la incertidumbre, el temor o la presión, recuérdale tu promesa en Isaías 41.10: «Así que no temas, porque yo estoy contigo; no te angusties, porque yo soy tu Dios. Te fortaleceré y te ayudaré; te sostendré con mi diestra victoriosa.*

Permite que _____ *comprenda que te pertenece.*

ROMANOS 14.7-9

CAPÍTULO 12

Ora por los niños
en crisis

Pero ahora, así dice el Señor, el que te creó, Jacob,
el que te formó, Israel: «No temas, que yo te he redimido;
te he llamado por tu nombre; tú eres mío.
Cuando cruces las aguas, yo estaré contigo;
cuando cruces los ríos, no te cubrirán sus aguas;
cuando camines por el fuego,
no te quemarás ni te abrasarán las llamas.

ISAÍAS 43.1-2

En 2 Reyes 4.8-37, las Escrituras cuentan la historia de una pareja sin hijos que se hizo amiga de Eliseo, y preparó una habitación de invitados en su casa para que el profeta la utilizara cuando llegara al pueblo. En respuesta a su bondad, Eliseo prometió que la mujer, originaria de Sunén tendría un hijo al año siguiente. A pesar de la incredulidad de esta, todo sucedió como Eliseo había dicho. Dio a luz un niño hermoso, su hijo único.

Sin embargo, un día el niño se quejó de dolor de cabeza. La mujer lo cargó en su regazo durante muchas horas y presenció, incapaz, cómo se esfumaba la vida de su pequeño hijo. Cuando el niño murió, lo acostó sobre la cama de Eliseo, salió del cuarto y cerró la puerta. Luego llamó a su esposo y le solicitó un criado y una burra para «ir al hombre de Dios y volver en seguida».[1] No se menciona si le dijo a su esposo sobre el problema; solo aseguró que «todo estaba bien» y se dispuso a encontrar a Eliseo.

Mientras la sunamita se acercaba, Eliseo la vio y envió a un criado a preguntarle si todo estaba bien; a lo cual ella respondió que «todo estaba bien». Sin embargo, se abrió paso hasta Eliseo y, al final, él descubrió lo sucedido. De inmediato, el profeta despachó a su criado con las instrucciones de correr donde el chico y colocar su bastón sobre el rostro de este.

No obstante, la sunamita no era parte del plan. Ella entonces le dice a Eliseo: «¡Le juro a usted que no lo dejaré solo! ¡Tan cierto como que el SEÑOR y usted viven!».[2] Eliseo, viéndose importunado por el amor y la perseverancia de una madre, se levantó tras la mujer rumbo a su casa.

Y fue bueno que lo hiciera. El criado, que se había adelantado, no obtuvo reacción del cadáver del niño, incluso poniendo el bastón, tal como el profeta le había dicho. Al llegar, Eliseo entró a la habitación, cerró la puerta y comenzó a orar con su cuerpo extendido sobre el cuerpecito del niño. En tan solo momentos, el niño regresó a la vida. Eliseo convocó a la madre, quien al entrar, vio lo sucedido y se inclinó a los pies de Eliseo, luego tomó a su hijo y salió del lugar.

Como madre, encuentro esta historia increíble. Te aseguro que si uno de mis hijos estuviera a punto de morir en mis rodillas, mi primera reacción *no* sería decir que todo «está bien». ¡Pero la sunamita nos ofrece una lección inspiradora! Al enfrentar una situación devastadora, su reacción deja al descubierto su profunda y permanente dependencia de Dios.

En su libro *Experiencia con Dios,* los autores Henry Blackaby y Claude King advierten que la palabra *crisis* viene de un término que significa «decisión». Expresan que la manera en la cual vivimos nuestras vidas es un testimonio de los que creemos sobre Dios. Cuando enfrentamos una «crisis de confianza», un punto de cambio donde debemos tomar una decisión, la manera en que respondamos (es decir, lo que hacemos después) revela nuestra verdadera creencia sobre Dios.[3]

La sunamita no tenía ninguna certeza de que Eliseo pudiera resucitar a su hijo. De hecho, si lees sus propias palabras en la Biblia, pareciera que buscaba a Eliseo más por una explicación que por un milagro. Sin embargo, cualesquiera fueran sus intenciones, un hecho es claro: en una situación de crisis, esa madre rehusó permitirle al temor o a la ira separarla del amor de Dios.

━━━━━━━━━━ **Principio de oración** ━━━━━━━━━━

Cuando tu hijo esté en una situación de crisis, la
manera en la cual ores y como obres revelará tus
creencias verdaderas sobre Dios.

Poner la vida de tu hijo en las manos de Dios

Jim Cymbala y si esposa, Carol, entienden la angustia que la sunamita debió enfrentar por la muerte de su hijo. Como pastor de una membresía multicultural de más de seis mil personas en Brooklyn Tabernacle, Jim ha sido testigo del poder de Dios para cambiar vidas en innumerables situaciones, muchas de las cuales podríamos describir con facilidad como «superiores a la etapa de crisis». Sin embargo, a pesar de todas sus predicaciones y las oraciones, Jim no estaba preparado para lidiar con el cambio que vería en su hija adolescente Chrissy cuando esta comenzó a alejarse de Dios y de su familia.

Puedes leer la historia extraordinaria de Jim en su libro *Fuego vivo, viento fresco*. Jim escribe: «Al volverse más seria la situación, probé de todo. Rogué, supliqué, reprendí, discutí, intenté controlarla con dinero». Jim también oró, pero admite haber luchado contra el deseo de controlar la situación con sus propias fuerzas. «Todavía era, hasta cierto punto, el *point guard* que deseaba tomar posesión del balón, avanzar con él, hacer que algo sucediera, meterme por cualquier agujero que pudiera encontrar en la defensa. Pero cuanto más presionaba, peor se ponía Chrissy».[4]

Con el tiempo, Jim descubrió su error. Al confiar en sus propios esfuerzos, astucia y energía, estaba cayendo en las manos de Satanás. Jim declara: «Lo cierto es que el diablo no se siente atemorizado ante nuestros esfuerzos propios y nuestras credenciales humanas. Pero sabe que su reino será dañado cuando elevemos nuestros corazones a Dios».[5]

Por lo tanto, Jim y Carol comenzaron a orar de verdad, con fe en la promesa de Dios registrada en Jeremías 33.3: «Clama a mí y te responderé, y te daré a conocer cosas grandes y ocultas que tú no sabes». Encontraron ánimo y confianza en las afirmaciones del rey David en Salmos 4.3: «Sepan que el Señor honra al que le es fiel; el Señor me escucha cuando lo llamo». Dejaron de maniobrar, persuadir y de llorar y recurrieron en serio a Dios. Y algo increíble ocurrió. Sin embargo, no echaré a perder la historia al darles más detalles, prefiero dejar que lean el relato de primera mano en el libro de Jim. No obstante, basta decir que el Señor respondió sus oraciones, y Jim y Carol descubrieron una asombrosa verdad: «Él no puede resistir a los que con humildad y sinceridad reconocen con cuánta desesperación lo necesitan».[6]

<hr>

Principio de oración

Cuando la oración es tu única opción, te encuentras en una posición excelente para ver el mover de Dios.

<hr>

La historia de Tomás: la bendición de Dios en la adversidad

Historias como la de los Cymbala son más comunes de los que los padres pueden imaginar, especialmente en un país donde cada día trece niños cometen suicidio, mil niñas se convierten en madres, trece mil chicos portan revólveres en la escuela y quinientos comienzan a consumir drogas.[7] Sin embargo, el término *crisis* no se limita a los adolescentes y los problemas que enfrentan. Una crisis puede desencadenarse después de una serie de incidentes: la muerte de un abuelo, la mudanza a una nueva ciudad o el cambio a un sistema de educación diferente, riñas entre amigos o el descubrimiento de una enfermedad o discapacidad física.

Nuestros amigos Nancy y Rich tienen tres hijos, cuyas edades oscilan entre cinco y doce años. Son brillantes, talentosos y extrovertidos, pero hay algo irresistible en el menor, Thomas. Me recuerda un cachorrito u osito de peluche, no puedo evitar alzarlo en brazos. En una ocasión le pagué para e me dejara cargarlo por un rato. (Quería veinte dólares pero acordamos veinticinco centavos.) Y cuando Thomas tiene algo que decir, lo cual sucede a menudo, los adultos casi siempre se agachan a su nivel para escucharlo.

Conocí a Thomas cuando él tenía dos años. Usaba anteojos, como hasta hoy, no por ser incapaz de ver de cerca o de lejos, sino para protegerse los ojos de las piedras, palos u otros proyectiles que a los chicos les encanta lanzar. Thomas ve perfectamente con un ojo, pero es ciego por completo del otro debido a un tumor inoperable que ha invadido el nervio óptico.

El tumor es la manifestación de un problema aun más grave. Thomas padece de una enfermedad llamada neurofibromatosis, un trastorno que causa muchas dificultades, como discapacidad para aprender, escoliosis y hasta tumores antiestéticos en la piel. Los doctores mantienen a Thomas en controles estrictos, sabedores de que si su tumor crece o cambia, puede perder la visión por completo.

Cuando Nancy supo de la condición de su hijo, se sintió destrozada, y entre más investigaba la enfermedad, más daba rienda suelta a su imaginación en cuanto a las temibles consecuencias. ¿Cuál sería el futuro de su bebé precioso? Sabía que podía satisfacer las necesidades de su hijo mientras fuera pequeño, pero ¿qué sucedería cuando creciera? ¿Se detendría su capacidad de aprender? ¿No podría correr o jugar con sus hermanos a causa de la escoliosis? ¿Sería el hazmerreír de los demás adolescentes por un brote de tumores feos que herirían su autoestima y echarían a perder un placer simple como es pasar una tarde bañándose en la piscina?

Y, sobre todo, Nancy se preocupaba por la vista de su hijo. Mientras presenciaban los fuegos artificiales durante la celebración del fin de semana del Día del Trabajo, la incertidumbre y la confusión la abrumaron. Pensaba: *¿Podrá Thomas disfrutar este maravilloso espectáculo cuando crezca? ¿Dónde estaba Dios en todo esto? ¿Qué está haciendo?*

Sin embargo, Dios comenzó a revelar su plan aun cuando todas esas preguntas daban vueltas en la cabeza de Nancy. Personas ajenas a la familia supieron del caso de Thomas y comenzaron a orar. A medida que el niño crecía, era imposible negar la obra de Dios, y Nancy descubrió que Dios le había dado a Thomas dones increíbles. Además de su personalidad alegre y extrovertida, tenía la fortaleza, la sensibilidad y la confianza espiritual que solo esperarías de una persona mucho mayor. Nancy comenta: «Es un comunicador grandioso. Dios le ha dado todo lo que necesita, sin importar lo que suceda al final del camino».

Aun así, la crisis de Thomas no acaba. Cada vez que le toman una imagen por resonancia magnética o visitan a otro especialista, Rich y Nancy aún enfrentan la incertidumbre. Sin embargo, para ambos, personas bien educadas y competentes, las dudas sobre el futuro de Thomas resultan ser una bendición disfrazada. Rich confiesa: «Estamos acostumbrados a hacer que las cosas sucedan. Sin embargo, con Thomas las cosas están fuera de control por completo. No podemos depender de nuestros recursos. Debemos estar cerca de Dios».

Esto resulta interesante pues gracias al reconocimiento sincero de sus limitaciones humanas, Rich y Nancy han desarrollado una nueva intimidad con el Señor y una noción inédita de libertad en su labor como padres. Nancy declara: «Dios ha utilizado nuestros peores temores para mostrarnos que él está en control. No tenemos más opción que sostener a Thomas con una mano abierta, y en verdad, deberíamos tener la misma actitud de confiar en Dios en lo referente a todos nuestros hijos».

Rich lo confirma: «No es divertido vivir todos los días en completa incertidumbre. Pero desde el punto de vista de la fe, tener que confiar en que Dios tiene el control es una buena situación».

━━━━━━━━━━ Principio de oración ━━━━━━━━━━

Las oraciones más efectivas son las que se funda-
mentan en la confianza, es decir, la certidumbre
inamovible, de que Dios está en control al cien por
ciento, de manera absoluta y total.

Preparada para la oración

Si tu hija se encuentra en una situación de crisis, ya sea por sus malas decisiones o como resultado de circunstancias que escapan a su control, no renuncies al Señor. James Dobson, experto en temas de familia y crianza de hijos, comenta: «Aun cuando la divina providencia parece no tener sentido o ser contradictoria [...] el futuro le pertenece a Dios. Él no se olvida de nosotros y su plan no se ha desbaratado. Es nuestra responsabilidad [...] mantenernos fieles y obedientes, aguardando su consuelo.[8]

Al esperar el consuelo de Dios y el desarrollo de su plan, podemos cobrar ánimo con el ejemplo de la sunamita. Veamos nuevamente su reacción ante la crisis:

1. No mostró pánico. En lugar de eso, confió con firmeza en la sabiduría y la bondad de Dios, tanto así que fue capaz de expresar que todo estaba bien, incluso en el momento de dolor y pérdida.

2. Afirmó su fe. En lugar de rendirse ante las preocupaciones, el escepticismo o el lamento, salió directamente a ver a Eliseo,

pues sabía que era la única persona capaz de entender su situación y ver sus circunstancias con los ojos celestiales.

3. Perseveró y no se conformó con lo bueno sino con lo mejor de Dios. Animada por el amor hacia su hijo, se aferró a los pies de Eliseo, buscó refugio en la presencia de Dios y se rehusó a retirarse.

4. Cuando recibió la respuesta, le dio gloria a Dios. Cuando su hijo resucitó, lo primero que hizo fue arrojarse a los pies de Eliseo, en reconocimiento de la gracia y el poder de Dios. También, mantuvo su confianza puesta en el Señor y siguió viviendo por fe, lo cual salvó las vidas y la fortuna de su familia cuando se enfrentaron cara a cara con otra crisis. Puedes leer esto en 2 Reyes 8.

Si existe un hecho destacable en las situaciones críticas, es que nos recuerdan cuánto necesitamos de Dios, pues quiebran nuestras nociones de confianza propia y revelan nuestras fallas de manera que nos dirigimos a los brazos de Dios. Oro para que cuando enfrentemos nuestras crisis, reaccionemos como la sunamita: no en nuestra fuerza o habilidad, sino con fe, perseverancia, agradecimiento y confianza.

Salmos 121 promete: «Jamás duerme el que te cuida […] de todo mal protegerá tu vida. El Señor te cuidará en el hogar y en el camino, desde ahora y para siempre». Si puedes aprender tan solo una verdad de este capítulo, que sea saber que Dios es soberano. Él nunca duerme; siempre nos observa. Te ama a ti y a tus hijos, y *siempre* tiene el control.

Oraciones que puedes utilizar

Padre celestial...

Vigila la vida de _____. No duermas, sino guárdala del mal. Cuídala en el hogar y en el camino, desde ahora y para siempre.   SALMOS 121.3-8

No dejes que nada separe a _____ de tu amor. Cuando se levante la tribulación, o la angustia, la persecución, el hambre, la indigencia, el peligro, o la violencia, recuérdale a _____ que somos «más que vencedores» y que nada puede separarlo del amor de Dios manifestado en Cristo Jesús nuestro Señor.   ROMANOS 8.35-39

Haz que _____ ofrezca su cuerpo como sacrificio vivo, santo y agradable a ti, Señor. Permítele a _____ ver su cuerpo como templo del Espíritu Santo, que te pertenece; de manera que sea libre de la inmoralidad sexual y que te honre con su cuerpo.   ROMANOS 12.1; 1 CORINTIOS 6.18-20

No dejes que _____ se pierda tras el alcohol y las drogas.   PROVERBIOS 20.1

Cuida a _____ como a la niña de tus ojos; escóndelo bajo la sombra de tus alas, de los malvados que lo atacan, de los enemigos que lo rodean.   SALMOS 17.8-9

Envuelve por completo a _____*; cúbrela con la palma de tu mano donde sea que vaya y lo que sea que haga, que tu presencia la acompañe.* SALMOS 139.5-10

Señor, tú has llamado a _____ *por su nombre; te pertenece. Cuando cruce las aguas, permanece con él; cuando cruce los ríos, no dejes que lo cubran sus aguas; cuando camine por el fuego, no dejes que se queme con las llamas. Y cuando emerja de todas estas pruebas, hazle saber que tú eres el Señor, que tú eres Dios, el Santo de Israel y que tú eres su Salvador.* ISAÍAS 43.1-3

Mientras oramos por _____*, no permitas que nos inquietemos por nada; más bien, en toda ocasión, con oración y ruego, que presentemos nuestras peticiones a ti y demos gracias. Y permite que tu paz, la cual sobrepasa todo entendimiento, cuide nuestros corazones y nuestros pensamientos en Cristo Jesús.* FILIPENSES 4.6-7

PARTE 4

ORAR por las RELACIONES de tu HIJO

CAPÍTULO 13

Ora por
las amistades de tu hijo

El hierro se afila con el hierro,
y el hombre en el trato con el hombre.

PROVERBIOS 27.17

En la secundaria, una maestra de inglés siempre escribía una cita interesante o una cápsula de sabiduría en la esquina superior derecha de la pizarra. Entre mis favoritas estaba un antiguo proverbio sueco: *la amistad duplica nuestro gozo y divide nuestro dolor.* Aún puedo ver las palabras escritas en su excelente letra de carta. Al pensar en las amistades que mis hijos forjan, la importancia de tener buenos amigos aumenta.

Todos queremos que nuestros hijos tengan buenos amigos. Además de la bendición de la amistad, no es secreto que, cuando los hijos crecen, pocas cosas influyen más sobre sus actitudes y acciones que las personas que los rodean. El autor Chuck Swindoll afirma: «Tus mejores amigos se convierten en modelos a imitar».[1] No necesitas ser psicólogo para comprender la veracidad de estas palabras o para reconocer las posibles consecuencias que con el tiempo traerán las amistades de tus hijos. Me gusta el lenguaje claro de la Biblia Nueva Traducción Viviente en Proverbios 13.21: «Los problemas persiguen a los pecadores, mientras que las bendiciones recompensan a los justos».

¿Con cuál grupo de corredores te gustaría que tus hijos participaran en la carrera?

La buena noticia es que podemos influenciar la selección de «compañeros de carrera» de nuestros hijos. En mi adolescencia, recuerdo que mi madre tomaba medidas bastante estrictas para asegurarse de que sus hijos corriéramos al lado de personas buenas. Tales medidas iban desde sacar a mi hermana de su noveno grado para alejarla de las manzanas «podridas» hasta empujarme en un restaurante muy concurrido con tal de que me encontrara con los chicos «buenos» de mi escuela secundaria que se hallaban en una mesa cercana.

Mis hermanos y yo vivimos tales experiencias de las cuales, en ocasiones, nos sentimos avergonzados. Sin embargo, ignorábamos que nuestros padres pasaban horas orando por nuestros amigos e intercediendo para que Dios nos rodeara de amigos que lo amaran. Nuestros padres confiaban en Dios para que nos usara como «sal y luz» en la escuela donde estudiábamos.

Cuando comencé a trabajar en este libro, les pregunté a mis padres si estarían dispuestos a relatar una de las muchas maneras en las cuales Dios contestó sus oraciones. Mi madre me envió un correo electrónico en el que narraba muchas anécdotas, como esta, en sus propias palabras:

Nuestra familia había asistido a un campamento, y habíamos regresado muy animados en la fe. Nuestra hija mayor disfrutó del compañerismo con otros adolescentes en el campamento, y, a menudo, los fines de semana viajaba dos horas de ida y dos horas de regreso para estar con ellos. Tenía muchos amigos en la secundaria, y algunas de las familias asistían a la iglesia. Sin embargo, ninguno de ellos tenía una relación personal con Cristo Jesús.

Mi esposo y yo nos arodillamos para interceder con fervor por una amiga cristiana para nuestra hija. Durante días y semanas, seguimos orando con ahínco y la esperanza de que, quizá, alguna familia creyente de la Biblia se mudara a nuestra ciudad. Sin saberlo, el mismo día que comenzamos a orar, los vecinos de al lado sostuvieron una reunión en su casa con un sacerdote y sus miembros laicos. Querían saber si la iglesia podía patrocinar el seminario «Vida en el Espíritu».

No asistíamos a la iglesia católica, pero cuando nuestra hija escuchó que el seminario se impartiría en nuestra ciudad, le pidió a cada una de sus amigas de la secundaria, líderes en la escuela, que la acompañaran. Todas sus mejores amigas recibieron a Cristo como Salvador y comenzaron una nueva vida con él. ¡La respuesta a la oración excedió con abundancia todo lo que podíamos imaginarnos o pedir!

Yo soy «la hija mayor», y, desde entonces, he cosechado los beneficios de las oraciones que mis padres hacían por mis amistades. Cuando leí el correo de mi mamá, no pude hacer más que reírme por la manera como Dios les contestó las plegarias. Cuántas veces he pedido por algo, ¡solo para ver como Dios, de cierto modo, supera mis expectativas!

Principio de oración

En pocas ocasiones, Dios llena tus expectativas
cuando oras. Más bien, Dios tiende a superarlas.

Bendición al «dos por uno»

La imagen de cuando mis padres oraban para que tuviera amigos cristianos me recuerda cómo Dios respondió mis propias oraciones por mi hija Annesley. Cuando nos mudamos de Atlanta, Georgia, a Winston-Salem, Carolina del Norte, de inmediato Annesley entabló amistades nuevas con chicas buenas a quienes invitábamos, con agrado, a nuestra casa. No obstante, ninguna parecía tener la misma pasión de Annesley por el Señor. Por eso, comencé a orar para que Dios le diera al menos una amiga cristiana en la escuela, alguien cuya compañía la animara en la fe y fortaleciera su carácter.

Después de orar por «esa amiga» durante más de un año, me emocionó que Annesley recibiera una invitación para incorporarse a un programa académico en una escuela cercana. Pensé que quizá ahí encontraría a su «alma gemela». Sin embargo, mientras Robbie y yo orábamos para decidirnos a enviar o no a Annesley a la otra escuela, sentimos que Dios nos decía que no. El encanto del reto académico y la posibilidad de entablar amistades nuevas era un anzuelo muy tentador, pero no podíamos librarnos de la sensación de que Annesley debía quedarse justamente donde estaba.

Al siguiente otoño, dos días antes del inicio del año escolar, descubrí una de varias razones por las cuales Dios quería que Annesley se quedara donde estaba. Estábamos en la piscina cuando una amiga me presentó a Emily, una recién llegada a la ciudad. Mi amiga dijo: «Emily desea asistir a tu grupo de oración de los viernes por la mañana. Y su hija Emma será compañera de Annesley en la escuela. ¡Miren, ya se conocieron!».

Miré al otro lado de la piscina, y ahí estaban Annesley y otra niña riendo y chapoteando en el agua. Parecía que su amistad estaba en ciernes.

«Hemos estado preocupados por saber cómo Emma se adaptaría a la nueva escuela», dijo Emily. «Hemos orado para que

Dios le dé una amiga cristiana. ¡No te puedes imaginar la respuesta que Annesley representa para nosotros!».

Tuve que reír. Entonces, repliqué: «Ah, lo imagino. Solo que es al revés. ¡Tu hija Emma es la respuesta a nuestras oraciones!».

Annesley y Emma se hicieron buenas amigas. Al recordar esa experiencia, me maravillo de las formas en que Dios obra en nuestras vidas. Nos enseñó a Robbie y a mí una lección valiosa sobre confiar en él y esperar en su tiempo, incluso cuando nuestro sentido común y humana sabiduría nos indicaban enviar a Annesley a una escuela diferente. Además, al permitirme orar durante más de un año antes de recibir una respuesta, Dios desarrolló en mi corazón una actitud de agradecimiento que no hubiera existido si Dios hubiera esparcido amigos cristianos en el camino de mi hija. Y, finalmente, me encanta la imagen que tengo de Dios como el maestro titiritero, que mueve los hilos de la vida de dos familias justo a tiempo y concede respuestas maravillosas a las oraciones.

Principio de oración

Cuando Dios no contesta tus peticiones de inmediato, podría estar dándote la oportunidad de edificar y demostrar tu fe al esperar en él.

La amistad: una calle de doble vía

Por lo general, cuando oramos por las amistades de nuestros hijos, pedimos que Dios les dé amigos cristianos. Sin embargo, la amistad es una calle de doble vía. Todos queremos que nuestros hijos se rodeen de buenas influencias, pero ¿alguna vez te has detenido a pensar qué tipo de amigo quieres que tu hijo sea?

Me encantan los amigos que aparecen en Marcos 2.1-12, el pasaje donde Jesús sana a un paralítico. No es difícil imaginar la escena: Jesús había llegado al pueblo, y cuando la gente escuchó que él estaba ahí, se aglomeraron en la casa donde él predicaba. Había tanta gente que ni siquiera se podía conseguir un lugar para pararse frente a la puerta.

Cuando cuatro hombres aparecieron con un amigo paralítico, las posibilidades de entrar a ver a Jesús eran casi nulas. Con facilidad, se hubieran dado por vencidos al ver cómo todo conspiraba contra ellos: la presión de la multitud, el peso de la camilla, el polvo, el sudor y el dolor de cuerpo. Sin embargo, dejaron de lado sus propias necesidades y perseveraron al abrirse paso hacia el techo para acercar a su amigo a Jesús. ¿Qué pudo haber motivado esa determinación tan increíble?

Es obvio: la fe en que Jesús tenía la habilidad de sanar debió ser el factor detonante. Pero en esta historia también es importante considerar el amor de esos hombres por su amigo. La tenacidad y el ingenio al llevar a ese hombre frente a Jesús, sin importar el costo en términos de tiempo, comodidad y conveniencia, me mantiene sentada frente a mi computadora en este momento para suplicarle a Dios que llene a nuestra familia de *ese* tipo de fe, *ese* tipo de esperanza y *ese* tipo de amor.

Principio de oración

Orar por las amistades de tus hijos también requiere que ores para que ellos mismos sean el tipo de amigos que deseas que tengan.

Preparada para la oración

Por lo tanto, orar por las amistades de nuestros hijos amerita un enfoque en dos direcciones. Primero, debemos orar para que nuestros hijos escojan a sus compañeros de manera sabia y con conocimiento de que, tal como 1 Corintios 15.33 con franqueza afirma, «las malas compañías corrompen las buenas costumbres». No cabe duda de que los amigos influirán sobre nuestros hijos, así que pidámosle a Dios que los rodee de chicos cuyas vidas se caractericen por la integridad, la pureza, la lealtad y una fe cristiana viva. En otras palabras, podemos pedirle a Dios que les dé amigos como los de 2 Timoteo 2.22, personas que «sigan la justicia, la fe, el amor y la paz y que invocan al Señor con un corazón limpio».

Teniendo en mente la imagen de los amigos del paralítico, también necesitamos pedirle a Dios que les conceda a nuestros hijos la fidelidad, el ánimo y la determinación necesarios para ser una influencia positiva en su reino. Ya sea que se encuentren en la escuela, practicando deportes o simplemente pasando tiempo son sus amigos, oremos por ellos de acuerdo con Romanos 1.16, para que nunca «se avergüencen del evangelio» y lo consideren «poder de Dios para la salvación de todos los que creen». Y cuando reconozcan ese poder maravilloso, oremos para que nuestros hijos, tal como los amigos del paralítico, estén deseosos, preparados e incentivados a «cargar» a sus compañeros hacia Jesús.

Oraciones que puedes utilizar

Padre celestial...

Oro para que _____ escoja a sus amigos con cuidado porque el camino del malvado lleva a la perdición.

PROVERBIOS 12.26

Rodea a _____ de amigos quienes la afilen como el hierro se afila con el hierro. PROVERBIOS 27.17

Permite que _____ huya de las malas pasiones de la juventud, y se esmere en seguir la justicia, la fe, el amor y la paz, junto con los que te invocan con un corazón limpio.

2 TIMOTEO 2.22

Bendice a _____ y guárdala para que no siga el consejo de los malvados, ni se detenga en la senda de los pecadores, ni cultive la amistad de los blasfemos. SALMOS 1.1

Bendice a _____ con amigos, y hazle ser amigo del que no tiene, pues «más valen dos que uno [...] si caen, el uno levanta al otro. ¡Ay del que cae y no tiene quien lo levante!».

ECLESIASTÉS 4.9-10

Convierte a _____ *en un amigo que ame en todo tiempo.*   PROVERBIOS 17.17

No permitas que _____ *excluya a sus amigos o participe en chismes, pues el perverso provoca contiendas, y el chismoso divide a los buenos amigos.*   PROVERBIOS 16.28

Haz que _____ *busque la amistad contigo en lugar del mundo; recuérdale que si alguien quiere ser amigo del mundo se vuelve tu enemigo.*   SANTIAGO 4.4

Cuenta a _____ *como uno de tus amigos, Señor. Permítele vivir de acuerdo con tus palabras en Juan 15.12-14, que ame a los otros, como tú lo has amado. Que obedezca tus mandamientos y encuentre su seguridad en tu amor vivificante.*

CAPÍTULO 14

Ora por las relaciones de tu hijo con sus hermanos

¡Cuán bueno y cuán agradable
es que los hermanos convivan en armonía!
SALMOS 133.1

¡Eso es mío! ¡Él me pegó! ¡Ella me pegó primero! ¡No es justo! ¿Tenemos que jugar con ella? ¡Vete! ¡No! ¡Sí! ¡No! ¡Sí! ¡No!

En algún momento, toda familia con más de un hijo experimenta la agonía ensordecedora del pleito entre hermanos. En algunas familias, los problemas rutinarios desencadenan los choques, por ejemplo, el debate sobre quién se come el último sándwich de helado. En otras, los problemas pueden ser más profundos, como cuando dos hermanos rivalizan por la aprobación del padre.

En nuestra familia, aunque suene patético, los choques giran en torno a dónde se sienta cada quien en el automóvil. Nuestra camioneta cuenta con ocho asientos cómodos, pero solo uno atrae a mis hijos. Lo llaman «el asiento de la esquina», y pensarías que después de cinco años en el mismo automóvil, ellos (o yo) habrían elaborado un tipo de plan para acomodarnos en los asientos. En una ocasión patrociné un concurso de ensayos, en el cual los chicos debían presentar tres razones por las que les gustaba tanto ese asiento en particular. El premio consistía en tener el honor de sentarse en el asiento codiciado durante una semana. Y gracias a mi creatividad de madre, lo que recibí fue un poema extenso que elogiaba las virtudes del «asiento de la esquina» (el cual, dicho sea de paso, terminó ganando el concurso), un dibujo del tristemente célebre asiento de la esquina coloreado a lápiz (con su bello color gris y su cinturón de seguridad) y dos quejas que mis dos hijos menores presentaron, en tono fuerte, por no entender las reglas del concurso.

En algún momento, durante las guerras por el asiento de la esquina, encontré Mateo 20.20-28. En ese pasaje, Jacobo, Juan y su madre llegaron donde Jesús con una petición. De hecho, la madre tuvo las agallas para externar la demanda: «Ordena que en tu reino uno de estos dos hijos míos se siente a tu derecha y el otro a tu izquierda».

Cuando escucharon el deseo de los hermanos, los otros discípulos se indignaron; no fue así, según sospecho, porque la petición de la madre fuera inadecuada, sino porque a ellos no se les ocurrió primero. Ahí estaba Jesús, con gusto lo digo, ¡justo en medio de una guerra por el asiento!

¿Cómo reaccionó el Señor? No como algunos de nosotros lo hubiera hecho. No les gritó a los discípulos, tampoco repartió azotes o alzó las manos en señal de disgusto por su pelea infantil. En lugar de eso, convirtió el pleito en una herramienta para la enseñanza al enfatizar: «El que quiera hacerse grande entre ustedes deberá ser su servidor».

Me encanta la enseñanza de ese pasaje. La respuesta amorosa de Jesús no solo me muestra cómo convertir un pleito entre hermanos en oportunidades para aprender, sino también ¡me anima mucho más como madre saber que los discípulos peleaban! No sé tú, pero en ocasiones, observo a mis hijos y me pregunto si *algún día* dejarán de reñir por saber quién es el primero, quién tiene el postre más grande o quién se sienta en el asiento de la esquina. No obstante, cuando veo la transformación de los discípulos, pues llegaron a ser hombres que dejaron trabajos, reputación y, en algunos casos, hasta sus propias vidas por Jesús, siento esperanza de que cuando mis hijos crezcan y maduren en su relación con el Señor, él transformará sus discusiones egoístas en deseo y habilidad genuina de poner primero las necesidades de los demás.

No sé por qué fue necesario que el pasaje de Mateo 20 abriera mis ojos. Cuando Dios está obrando en la vida de nuestros hijos, *siempre* existe una razón para tener esperanza. Si te preguntas si las cosas podrán mejorar en tu casa, mi oración por ti viene de Romanos 15.13: «Que el Dios de la esperanza los llene de toda alegría y paz a ustedes que creen en él, para que rebosen de esperanza por el poder del Espíritu Santo».

Principio de oración

Las rivalidades y conflictos entre hermanos no se equiparan a la madre que conoce al Dios de esperanza y, con regularidad, habla con él.

La historia de dos hermanos

Becky podría haber usado una buena dosis de esperanza cuando sus hijos estaban pequeños. Jake y Evan ni siquiera habían dejado los pañales cuando descubrió que tenía una gran tarea en sus manos. Becky hace un gesto y recuerda que parecía que los gemelos siempre peleaban, incluso, antes de nacer. Esa madre todavía puede sentir los golpes y las patadas que se propinaban entre ellos en su vientre.

A medida que crecían, las discrepancias se tornaban más evidentes. A Jake le gustaba quedarse en casa y ayudarle a Becky en la cocina, en cambio Evan no podía soportar las ganas de salir todos los días, sin importar si hacía mal clima. Le encantaba fabricar armas y cuchillos con los palos que hallaba en el patio, y soñaba con el día de acompañar a su padre a cazar venados. En consecuencia, Becky sentía más apego con la naturaleza apacible de Jake, mientras que Evan se ganaba un lugar especial en el corazón de su papá.

Los chicos comprendían que sus padres tenían favoritismos, y la adolescencia solo acentuó las rivalidades. Evan, un muchacho atlético a quien le gustaba pasar mucho tiempo al aire libre, era más fuerte y veloz que su hermano, y lo superaba como tirador. Sin embargo, Jake no se desanimaba; la mayoría de veces, descubría que podía ser más astuto que su corpulento hermano, y si su sentido común le fallaba, no le era problema echar mano de engaños o mentiras para hacer las cosas a su manera.

Becky presentía que el momento decisivo se acercaba. La salud de su anciano esposo flaqueaba, y ella sabía que él había revisado su testamento para dejarle la mayoría de sus posesiones a Jake, incluso el poder mayoritario del negocio familiar. Cuando Evan descubrió ese cambio, se enfureció y se consoló con la idea de matar a su hermano más adelante.

Quizá ya has descubierto que Jake y Evan no son los nombres reales de esos jóvenes. En realidad, son Jacob y Esaú, los hijos de Isaac y Rebeca. Después de que Jacob riñera con su hermano gemelo (quien había nacido unos minutos antes que Jacob) por la primogenitura y la bendición de su padre, Jacob tuvo que correr por su vida, por temor a que Esaú cumpliera su plan de asesinarlo. En la actualidad, los conflictos familiares son sencillos en comparación con este conflicto que duró décadas.[1]

Observa lo que les sucedió a esos hermanos: veinticinco años después de su huida, Jacob regresó a su tierra de origen en compañía de sus esposas, sus hijos y su ganado. Esaú salió a su encuentro con cuatrocientos hombres en buena condición física. Jacob debió haberse sentido muy amedrentado porque puso a su esposa favorita, Raquel, y a su hijo José, en la retaguardia de su campamento, donde tendrían alguna protección contra el asalto certero de Esaú.[2]

Sin embargo, algo increíble sucedió. Cuando Esaú vio a Jacob, corrió hacia él, lo rodeó con sus brazos y lo besó. ¡Los hermanos lloraron abrazados!

¿A qué se debe el gran cambio? ¿Qué sucedió con las intenciones violentas de Esaú y el resentimiento que debió mantener durante años? La Biblia no menciona que Isaac o Rebeca hayan intervenido. Tampoco dice si Jacob se disculpó por engañar a su hermano; de hecho, el «lo siento» brilla por su ausencia en el relato. Todo lo que sabemos es que al prepararse para encontrarse con su hermano, a Jacob le temblaban las rodillas.

Entonces, Jacob se volvió a Dios: «¡Líbrame del poder de mi hermano Esaú, pues tengo miedo de que venga a matarme a mí y a las madres y a los niños! Tú mismo afirmaste que me harías prosperar, y que mis descendientes serían tan numerosos como la arena del mar, que no se puede contar».[3]

La oración sirve. En este caso, cambió el corazón de Esaú y permitió que una reunión impensable como esta sucediera. Si seguimos el ejemplo de Jacob y utilizamos las promesas de Dios como ancla para nuestras oraciones, podemos estar seguros de que responderá. Como Salmos 145.3 dice: «Fiel es el Señor a su palabra y bondadoso en todas sus obras».

Principio de oración

Cuando oras de acuerdo a las promesas de Dios,
puedes confiar que él las cumplirá.

La historia de dos hermanas

Mary siempre había deseado tener una hermana. La relación que observaba entre sus amigas y *sus* hermanas parecía muy especial, y Mary sentía que se había perdido de algo al crecer solo con la compañía de un hermano. Así que cuando su hija nació, de inmediato tuvo una petición: «Por favor, Dios, ¿puedo tener otra?».

La oración de Mary recibió respuesta, y, a medida que sus hijas crecían, su relación era todo lo que ella había visualizado. Con tan solo dos años de diferencia, Sarah y Libby pasaban horas interminables jugando con las muñecas, inventando juegos y códigos secretos y contándose sus sueños y alegrías. «Gracias, Dios», susurraba Mary, casi con el atrevimiento de esperar que la magia perdurara.

Un tiempo después del octavo cumpleaños de Sarah, los problemas se asomaron. Sarah había hecho varias amigas en la escuela, y había dejado claro que Libby no era bienvenida en su círculo. Antes de que Mary siquiera supiera lo que estaba sucediendo, sintió que su casa se había convertido en una zona de guerra. Me dijo: «Seguí orando por su relación, pero ellas no querían relacionarse. Eso me rompió el corazón».

Sin embargo, nadie sintió cuán profunda era esa presión como las chicas mismas. Cada verano, pasaban un mes en un campamento cristiano en compañía de numerosas duplas de hermanas felices. Una campista les dijo: «Mi hermana es mi mejor amiga». Sarah apenas podía creer lo que oía. ¿Quién ha escuchado que dos hermanas son mejores amigas? La niña también podría haber dicho que su hermana era una iguana.

Aun así, Sarah y Libby debían admitir que envidiaban la relación de las otras chicas. En lugar de asumir sus diferencias, las hermanas decidieron montar un espectáculo y fingir que disfrutaban entre sí para encajar con las demás campistas. Sabían que se trataba de una farsa y que, tan pronto llegaran a casa, tomarían nuevamente los escudos de combate.

Finalmente, Sarah dejó la casa para irse a la universidad. Mary se deleitaba de la recién adquirida paz en el hogar, pero el dolor de su corazón no menguaba. De continuo, rogaba por las chicas para que disfrutaran de una relación verdadera, una que fuera más allá de las máscaras ante los demás y las treguas temporales. El hecho de tener dos hijas era la respuesta a una oración específica, de eso estaba segura. Deseaba que Dios interviniera y fundiera sus corazones en uno solo.

Sin embargo, Mary no sabía que Dios *estaba obrando*. Sarah y Libby se graduaron de la universidad y, con el tiempo, se mudaron a la misma ciudad. Lejos de casa y solo teniéndose la una a la otra como «familia», forjaron un tipo de alianza que, a su tiempo, se convirtió en una amistad incondicional. Asimismo, la fe de Sarah estaba creciendo, y un día le envió a Mary una copia de un devocional que ella había escrito. El tema central era su relación con Dios, y dentro de ese mensaje dos líneas llamaron la atención de Mary:

Puedo decir ahora, con la franqueza con la que hablo de los asuntos más serios, que amo a mi hermana más que a cualquier otra persona sobre la tierra. No es solo mi mejor amiga, sino también mi mayor fuente de fortaleza.

Mary leyó el devocional una y otra vez. Sus plegarias habían sido contestadas aparentemente de la nada: ¡sus hijas eran mejores amigas! Mary sintió que el corazón se le quebraría, pero esa vez por una gratitud sincera. Se dio cuenta de que Dios había estado ahí todo el tiempo.

Principio de oración

Dios escucha tus peticiones, y siempre está obrando, incluso cuando no puedes ver lo que hace.

Preparada para la oración

Las diferencias que Sarah y Libby experimentaron en la niñez son más comunes de lo que ellas podrían imaginar. Incluso en hogares cristocéntricos, aspectos como el carácter competitivo, la ilusión (o realidad) del favoritismo de los padres y nuestra naturaleza humana y pecadora hacen que el conflicto sea imposible de evadir. Tal como lo evidencia la tensión en la relación entre Caín y Abel, ¡las rivalidades entre hermanos han surgido desde que estos existen![4]

Mis propias hijas son un ejemplo de ello. Annesley va un año atrás de Hillary en la escuela, y siempre está tras sus pisadas. Cuando Hillary aprendió a leer, Annesley prestó mucha atención y con rapidez aprendió a hacer lo mismo por su cuenta. Cuando

Hillary empezó a practicar fútbol, Annesley se amarró los tacos y la imitó. Y, una noche, cuando Hillary se convirtió en el centro de atención familiar al perder uno de sus dientes de leche, Annesley, de inmediato, se arrancó uno de un tirón y ¡apareció minutos más tarde con su propio trofeo ensangrentado en la mano!

A raíz de ese comportamiento cómico, estoy plenamente consciente de la necesidad de orar por sus relaciones. Y aunque todavía pelean (en especial, por el «asiento de la esquina»), sé que Dios ha escuchado mis oraciones. Una noche, después de estudiar las tablas de multiplicar con mis hijas y arroparlas en sus camas, Hillary dijo: «Annesley, tú conoces las tablas de multiplicar más que yo». Percibí el tono de desánimo en su voz, y, mientras pensaba en una manera efectiva de levantarle su autoestima, Annesley se adelantó: «Solo porque *tú* me las has enseñado, Hillary».

¡Gracias Señor! Hoy son las tablas de multiplicar; mañana, el campo minado podría consistir en situaciones más complejas. Pero ya que Dios ha sido fiel en las cosas pequeñas, sé que lo será en las grandes.

Si tus hijos están pequeños, no esperes hasta que comiencen a pelear para cubrir sus relaciones en oración. Toma la iniciativa y utiliza versículos, como los que aparecen más adelante, para elevarlos ante el trono de Dios, confiada de que cuando los conflictos aparezcan, Dios puede tomar el plan malvado de Satanás y convertirlo en una ventaja para tus hijos.

Si tus hijos están grandes y los lazos fuertes entre hermanos solo son un recuerdo distante o una visión olvidada, no te rindas. Mira el ejemplo de Mary. Báñalos con oración, reconoce que a menudo Dios obra de manera invisible y recuerda que él *siempre* cumple sus promesas.

Oraciones que puedes utilizar

Padre celestial...

Infunde en _____ y sus hermanos aliento, perseverancia y unidad para seguirte, Cristo Jesús, para que con un solo corazón y a una sola voz te glorifiquen, precioso Señor.

ROMANOS 15.5-6

No permitas que la boca de _____ hable conversaciones obscenas. Por el contrario, que sus palabras contribuyan a la necesaria edificación y beneficie a quienes escuchan.

EFESIOS 4.29

Haz que _____ y sus hermanos se amen los unos a los otros con amor fraternal, respetándose y honrándose mutuamente.

ROMANOS 12.10

Permite que _____ ame a sus hermanos, porque el amor viene de ti, recuérdale que todo el que ama ha nacido de Dios y lo conoce. Y el que ama a Dios, ame también a su hermano.

1 JUAN 4.7, 21

Oro para que _____ Haga todo sin quejas ni contiendas.

FILIPENSES 2.14

Permite que _____ y sus hermanos cobren ánimo y estén bien unidos con fuertes lazos de amor. Permíteles tener la plena confianza de que entienden el plan misterioso de Dios, que es Cristo mismo.   COLOSENSES 2.2 (NTV)

No permitas que _____ ande peleando, sino que sea bondadoso con todos, capaz de enseñar, humilde y paciente en especial con sus hermanos si están equivocados... porque así tendrán más posibilidades, con la ayuda de Dios, de alejarse de sus ideas equivocadas y creer lo verdadero.
2 TIMOTEO 2.24-26 (NTV)

Permite que _____ viva en armonía con sus hermanos; que compartan penas y alegrías, que sean compasivos y humildes. No permitas que _____ y sus hermanos devuelvan mal por mal ni insulto por insulto; más bien que bendigan.
1 PEDRO 3.8-9

Ayúdale _____ a controlar su temperamento, porque todo el que se enoje con su hermano quedará sujeto al juicio del tribunal. Si _____ tiene algo contra sus hermanos, haz que vaya a reconciliarse para que tenga amistad contigo.
MATEO 5.22-24

Muéstrale a _____ *y a su hermanos cómo ser bondadosos y compasivos unos con otros, y perdonándose mutuamente, así como tú los perdonaste.*

EFESIOS 4.32

Convierte nuestro hogar en un lugar bueno y placentero, donde los hermanos (¡y las hermanas!) vivan en armonía.

SALMOS 133.1

CAPÍTULO 15

Ora por la relación de tu hijo con sus maestros y entrenadores

Obedezcan a sus dirigentes y sométanse a ellos,
pues cuidan de ustedes como quienes tienen que rendir cuentas.
Obedézcanlos a fin de que ellos cumplan su tarea con alegría y
sin quejarse, pues el quejarse no les trae ningún provecho.
HEBREOS 13.17

Nunca olvidaré el día en que una de mis hijas regresó de la escuela con la noticia de que su maestra era cristiana.

Dejé el manuscrito que revisaba, e intrigada pregunté:

—¿En serio? ¿Cómo lo sabes?

—Lo sé porque ora —replicó mi hija.

—¿Ora?

—Sí, mamá. Casi todos los días dice: «Oh, Dios, ayúdame a terminar este día». Pero a veces solo dice: *«Oh, Dios»*, y recuesta su cabeza en el escritorio.

Cada vez que recuerdo ese momento, ¡río y me solidarizo con esa maestra!

Al igual que muchos padres, Robbie y yo oramos mucho y de manera persistente para saber a cuál escuela debíamos enviar a nuestros hijos. Cuando llegó el momento de matricular a Hillary en el kindergarten, vivíamos en Atlanta, y sentimos de parte de Dios que debíamos matricularla en una escuela pública de la localidad. A pesar de nuestras preocupaciones sobre el estado general de la educación pública (en particular, por tratarse de una ciudad grande), obedecimos la indicación. Luego, cuando nos mudamos a Winston-Salem, enfrentamos la misma situación y nos sentimos atraídos nuevamente por una escuela pública. Al igual que en Atlanta, sabíamos que no todos los maestros de nuestros hijos serían cristianos y que algunos podrían oponerse a nuestra fe de manera directa. Sin embargo, era imposible negar que Dios nos impulsaba a hacerlo, por lo tanto, aceptamos el consejo de Proverbios 3.5-6, y decidimos confiar en Dios, en lugar de apoyarnos en nuestro propio entendimiento, además de confiar en que él enderezaría nuestro camino.

Y lo ha hecho. Dios nos ha bendecido con maestros maravillosos, administradores sabios y una educación que supera nuestras expectativas más altas, tanto en lo académico como en las experiencias que han formado el carácter de nuestros hijos. Cada primavera, oramos para que Dios escoja los profesores que estarán con nuestros hijos el año siguiente. Aunque no siempre hemos obtenido los profesores que *nosotros* hubiésemos escogido, Dios, en su infinita sabiduría, ha demostrado que *él* sabe lo mejor para nuestros chicos.

Mi amiga Camille, quien también intercede para que Dios escoja los maestros de sus hijos, aprecia la libertad inherente de este enfoque: «En lugar de preocuparnos por saber cuál profesor tendrán mis hijos, solo se lo dejamos a Dios. Él conoce sus necesidades mejor que nadie».

No siempre es fácil pedirle a Dios que escoja los maestros de nuestros hijos y luego vivir con los resultados. Por ejemplo, en cierto año, una de nuestras hijas terminó en la clase de una maestra cuyos estándares académicos no eran muy altos. Temimos que nuestra hija se aburriera o perdiera el interés en la escuela. Sin embargo, en retrospectiva, descubrimos que Dios estuvo pendiente todo el tiempo: ese año, la mayor necesidad de nuestra hija era la aceptación emocional más que la estimulación intelectual, y el amor y los elogios que recibió de parte de esa maestra en particular edificaron la confianza personal en una forma que los desafíos académicos jamás lo hubieran logrado.

─────────── Principio de oración ───────────

Orar para que Dios escoja a los maestros de tus
hijos te libera de tener que preocuparte por ello o
inmiscuirte en la decisión.

El poder de la oración que cambia vidas

Por supuesto que no sugiero adoptes una actitud de «yo no meto mis manos» en lo referente a la educación de tus hijos. Sin duda, habrá momentos en que tendrás dudas y querrás reunirte con el maestro o el director de la escuela. Pero antes de preocuparte, quejarte o maniobrar, pregúntale a Dios si existe algo más que él quisiera que hicieras.

La hija de Sharon, Addy, era una estudiante ejemplar y popular entre sus maestros y compañeros. Por ende, cuando una maestra de matemáticas de secundaria se esmeró en hacerle la vida miserable, Sharon y Addy no pudieron dejar de preguntarse en qué estaba pensando Dios.

La maestra, Mary Ellen, era una mujer soltera que había crecido bajo la sombra del divorcio, la pobreza y el abuso físico por parte de un padre tirano. En verdad, sabía muy poco de Dios. No obstante, la comunidad religiosa de sus padres se adhería a reglas increíblemente estrictas y utilizaba el miedo y el castigo para perpetuar su fe. De esa forma, se había distorsionado su imagen de un Padre celestial amoroso.

Tiempo después, cuando Mary Ellen se convirtió en maestra de matemáticas, la desconfianza a cualquier cosa religiosa, que la acompañaba desde hacía años, se manifestaba en la manera como trataba a sus estudiantes, en particular, a quienes ella identificaba como «cristianos». Ridiculizaba sus creencias y los maltrataba al cuestionar sus convicciones a tal punto que Addy y sus amigos regresaban llorando a casa.

Un día, Sharon recibió una llamada de la secretaria de la escuela, quien sabía que Sharon y otras madres se reunían cada semana en un grupo informal de oración para interceder por sus hijos y por la escuela. La secretaria le comentó: «Mary Ellen tendrá una cirugía de cadera la próxima semana, y no la está pasado bien. Ella espera que todos aquí en la escuela la cuidemos, pero nosotros tenemos nuestras propias familias. No sé cómo hará. Como sabes, no tiene a nadie. ¿Podrías orar por ella en tu grupo?».

Sharon accedió a orar por ella, pero en su interior se retorció. No le agradaba Mary Ellen, no tenían nada en común y, a decir verdad, no le importaba mucho lo que le sucediera a esa mujer. No obstante, junto a su grupo, Sharon comenzó a orar por la maestra, y, a medida que lo hacían, las mujeres percibieron que Dios quería que la cuidaran. Al igual que Sharon, ninguna de las demás madres sentía cercanía con Mary Ellen, y brindarle ayuda física sería más que un inconveniente: la mujer vivía lejos, su apartamento se ubicaba en un tercer piso y la idea de subir tres niveles con su ataque y sus quejas hacia el cristianismo eran más de lo que podían soportar.

Aun así, las madres aceptaron la tarea. Llevaron a Mary Ellen al hospital, la acompañaron al lado de su cama, cocinaron para ella y la cuidaron en su casa mientras se recuperaba. En su desesperación por obtener ayuda, Mary Ellen no podía hacer más que recibir el gesto, aunque no tardó mucho en recordarles que sus oraciones eran una pérdida de tiempo.

No obstante, a su tiempo, el corazón de Mary Ellen comenzó a ablandarse. Un día, sentada a su lado, Sharon tuvo el privilegio de predicarle el evangelio, el *verdadero* mensaje del amor de Dios, y de orar con ella mientras entregaba su vida a Jesucristo. Addy y los otros estudiantes que sabían lo que sus madres estaban haciendo se quedaron perplejos cuando Mary Ellen regresó a la escuela pues, a todas luces, era una persona nueva. Aun los otros maestros lo notaron.

Uno de sus compañeros de trabajo advirtió: «Cuidado con esas madres del grupo de oración. Son una especie de secta».

Mary Ellen respondió con calma: «Eso es lo que crees, pero son las primeras personas que conozco que en verdad me aman».

En la actualidad, Mary Ellen y Sharon son buenas amigas. Mary Ellen ha celebrado la Navidad en varias ocasiones con la familia de Sharon y Addy. Puesto que Sharon y las otras madres actuaron en obediencia a Dios en lugar de hacerlo según sus emociones, todas aprendieron esta lección valiosa según las palabras de Sharon: «Nuestros hijos tendrán maestros difíciles, pero intentar protegerlos de esa situación no siempre es el camino más sabio. A veces Dios permite una situación difícil solo para que seamos testigos de su poder para cambiar a las personas».

================= Principio de oración =================

Orar por los maestros de tus hijos, en lugar de quejarte de ellos, animará a tus hijos a confiar en el
poder de Dios ante circunstancias adversas.

Orar por un espíritu dispuesto a aprender

Si eres como yo, tiendes a dedicar más tiempo a orar para que tus hijos tengan los *maestros* correctos en lugar de orar para que tus hijos sean los *estudiantes* correctos. Sin embargo, la manera como nuestros hijos piensan y actúan en el salón de clases o en los deportes, así como la creación de relaciones fuertes con maestros y entrenadores, puede trascender más que cualquier otra cosa.

Ned y Drew son dos de los jóvenes más dispuestos a aprender que conozco. Se entusiasman con el conocimiento, son rápidos para explorar nuevas ideas y han aprendido a reconocer y respetar los talentos de sus maestros, aun cuando sus conceptos chocan con sus propias convicciones cristianas.

Asimismo, la disposición de esos chicos para aprender se manifiesta en sus actividades deportivas. Ambos son corredores sobresalientes, una característica heredada de su padre Jim, el medallista olímpico que fue el primer estudiante de secundaria en correr 1,61 kilómetros en menos de cuatro minutos. Cuando Ned y Drew consiguieron sus cupos dentro del equipo de atletismo de la secundaria, Jim prometió no interferir con los métodos del entrenador. Además, animó a sus hijos a respetar la autoridad del entrenador, aun si su estilo difería del que les había enseñado.

Resultó que el entrenador de atletismo hacía las cosas de un modo diferente a como las hubiera hecho el ex corredor olímpico, y Ned y Drew lo sabían. Pero en lugar de discutir con el entrenador o rebelarse ante su metodología, los chicos optaron por ponerse a trabajar y hacer lo mejor; mientras que Jim y su esposa, Anne, se conformaron con orar por sus hijos desde la gradería. Como consecuencia del espíritu gentil y dispuesto a aprender de esa familia, el entrenador tuvo una mejor perspectiva del cristianismo. Un testimonio de ese tipo hubiera sido imposible de mostrar si Ned y Drew hubieran tomado actitudes agresivas o desafiantes contra sus técnicas. Es más, el equipo de atletismo ganó tres campeonatos estatales consecutivos, un logro sin precedentes y que no se ha repetido.

Cada persona tiene una cuota de hastío, insatisfacción, frustración y tragedia. No obstante, si nuestros hijos aprenden a enfrentar cada nuevo desafío tal como Ned y Drew lo hicieron, con aprecio hacia los demás, respeto a la autoridad y la búsqueda de cualquier oportunidad para aprender y crecer, incluso las circunstancias dolorosas o frustrantes pueden convertirse en razones para estar agradecido. Y mucho tiempo después de que nuestros hijos se hayan ido de los salones de clases y los campos deportivos, su espíritu dispuesto a aprender demostrará su valor perdurable en sus carreras, sus matrimonios y su habilidad de ministrar a otros.

Principio de oración

Orar para que Dios les brinde a tus hijos un espíritu dispuesto a aprender requiere permitirle utilizar sus errores y fracasos como un trampolín a la victoria.

Preparada para la oración

Nuestros hijos no son los únicos en necesidad de un espíritu dispuesto a aprender. Como padres, debemos adoptar una actitud similar de gratitud y respeto, en particular cuando nos acercamos a los maestros, tutores o directores de la escuela de nuestros hijos. En cierta ocasión, aprendí esa lección a la fuerza. Le dije a la maestra de uno de mis hijos que consideraba equivocada su recomendación de lectura, pero no le di la oportunidad de explicarme la razón por la cual le gustaba tanto esa historia. Cuando por fin decidí escuchar su opinión al respecto, me di cuenta de que algunas de sus ideas tenían sentido. Sin embargo, mi oportunidad de exponerle la perspectiva cristiana sobre el tema se había esfumado.

Si tus hijos (o tú) se hallan en una situación difícil con un maestro o un entrenador, no critiques al maestro, en especial enfrente de tus hijos. En su lugar, haz de la oración tu prioridad. Orar por los maestros de tus hijos puede suavizar tu corazón para con ellos y hacer que los veas como Dios los ve: como sus hijos preciados, sin importar en cuál tramo del camino de la fe se encuentren. Invita a tus hijos a unirse en la tarea, y no te desanimes si no observas cambios inmediatos. Enfócate en versículos como 1 Corintios 15.58, el cual nos recuerda permanecer firmes y «progresando siempre en la obra del Señor, conscientes de que su trabajo en el Señor (es decir tus oraciones) no es en vano».

Luego, revisa tus actitudes. Elimina la actitud de estar a la defensiva, la amargura, la santurronería y la ira. Reemplázalas con humildad, gentileza, gratitud y amor. Pídele a Dios que les otorgue a ti y a tus hijos un espíritu dispuesto a aprender, y, de manera diligente, sigue el consejo de Pablo en Colosenses 4.6 (RVR 1960): «Sea vuestra palabra siempre con gracia, sazonada con sal, para que sepáis cómo debéis responder a cada uno».

Por último, recuerda que eres parte del cuadro completo. Cuando tu hijo se gradúe de la escuela, con toda probabilidad, Dios traerá una familia cristiana nueva a tomar tu lugar. No digas o hagas algo que ponga en peligro el testimonio de esa familia; quizá a *ti* no te toque vivir las consecuencias de tus acciones, pero a *ellos* sí. Más bien, considera a tu familia como corredores en una competencia de relevos que reciben el bastón de aquellos que han corrido antes que ustedes y lo pasan a quienes vienen atrás.

Jesús dijo que «la cosecha es abundante, pero son pocos los obreros».[1] Desde la perspectiva del reino, la manera como ministramos a los maestros es tan importante como la forma como ellos nos impactan. Aprendamos a ver a nuestros maestros y nuestras escuelas como campos de cosecha, y agradezcámosle a Dios por concedernos, y a todos quienes vienen detrás de nosotros, el privilegio de trabajar con él para levantar la cosecha.

Oraciones que puedes utilizar

Padre celestial...

Inclina el oído de _____ hacia la sabiduría y su corazón a la inteligencia. Dale un espíritu dispuesto a aprender, uno que clame por discernimiento y lo busque como a un tesoro escondido.   PROVERBIOS 2.2-4

Haz que _____ obedezca a sus maestros y entrenadores y que se someta a su autoridad. Que comprenda que ellos cuidan de él como quienes tienen que rendir cuentas ante ti. Muéstrale a _____ que cuando obedece a sus maestros y entrenadores, hace que cumplan su tarea con alegría y no como una carga, y que al final, esto será su ventaja.

HEBREOS 3.17

Haz que _____ y sus maestros sean humildes y amables. Permíteles ser pacientes, tolerantes unos con otros en amor.   EFESIOS 4.2

Oro para que _____ respete a todos. Permítele amar a sus hermanos y hermanas en Cristo, que te tema y honre a quienes están en autoridad sobre él.   1 PEDRO 2.17

No dejes que algún maestro cautive a _____
con vana y engañosa filosofía que sigue tradiciones humanas, la
que va de acuerdo con los principios de este mundo y no conforme
a Cristo.   COLOSENSES 2.8

No dejes que los profesores y entrenadores de _____
se cansen de hacer el bien. Hazles entender que a su debido tiem-
po cosecharán si no se dan por vencidos. De la misma manera,
no permitas que _____ *se canse al orar por sus*
maestros.   GÁLATAS 6.9

Haz que _____ *sea sabio en su actuar con sus maes-*
tros, aprovechando al máximo cada momento oportuno. Que su
conversación sea siempre amena y de buen gusto, sazonada con
sal. Así sabrá cómo responder a sus maestros con respeto y gracia.
                                                  COLOSENSES 4.5-6

Tú sabes nuestras necesidades antes de que las pidamos, Señor, y
tú has prometido disponer todas las cosas para el bien de quienes
te aman. Escoge personalmente a cada uno de los maestros de
_____, *y rodéala con compañeros seleccionados*
por ti.   MATEO 6.8; ROMANOS 8.28

Recuérdale a _____ *orar por sus maestros y entrenadores, y ser agradecido por el papel que juegan en su vida.*

1 TIMOTEO 2.1-2

Oro para que los maestros y entrenadores masculinos de _____ *sean moderados, respetables, sensatos e íntegros en la fe, en el amor y en la constancia. Oro para que las maestras en la vida de* _____ *sean reverentes en su conducta, sensatas, puras y con dominio propio. Pido que estos maestros, al hacer el bien, sean de ejemplo para* _____.

TITO 2.2-7

CAPÍTULO 16

Ora por
la relación con tu hijo

Honra a tu padre y a tu madre,
como el SEÑOR tu Dios te lo ha ordenado,
para que disfrutes de una larga vida y te vaya bien
en la tierra que te da el SEÑOR tu Dios.

DEUTERONOMIO 5.16

Recuerdo que años atrás, cuando nuestras hijas mayores estaban muy pequeñas, me sentía frustrada porque no me obedecían. No puedo recordar cuál fue la ofensa en particular, pero nunca olvidaré lo que conversamos después de lo sucedido. Nos sentamos juntas en una de las camas.

—Me siento tan triste cuando me desobedecen —les expliqué.

—No te sientas así, mamá —replicó Hillary—, ¡te amamos!

—Si me aman, deberían obedecerme.

Incluso antes de que esas palabras salieran de mi boca, me di cuenta de que Jesús les había dicho lo mismo a sus discípulos en Juan 14.15: «Si ustedes me aman, obedecerán mis mandamientos».

Al reflexionar esos sentimientos paralelos, pensé que Dios debe sentir la misma frustración que yo siento cuando mis hijos no hacen lo que les pido. Durante un momento medité al respecto, y luego expresé mis pensamientos en voz alta: «Niñas, no intento ser mala o injusta cuando les pido que me obedezcan. Papi y yo las amamos, así como Dios lo hace. Ya vendrá el tiempo cuando Dios les pida hacer algo. Si no han aprendido a obedecernos a papi y a mí, ¿cómo aprenderán a obedecer a Dios?».

—Jonás no obedeció a Dios —respondió Annesley, en todo solemne.

—¡Exacto! —espeté, agradecida de recibir una ilustración oportuna—. *¡Y mira lo que le sucedió!*

James Dobson explica que en un niño «su modo de ver la autoridad de los padres en los primeros años se convierte en la piedra angular para su actitud futura ante la autoridad escolar, los funcionarios de la ley, los jefes y otras personas con quienes en algún momento va a convivir y trabajar».[1] Considero que este concepto tiene lógica, y, a pesar de que no soy psicóloga, me aventuraría a decir que la relación de un niño con sus padres también juega un papel importante al establecer la base para su futura relación con Dios. Si aprende a amar, confiar y obedecer a sus padres, le será más fácil alcanzar un nivel de intimidad con su Padre celestial.

Quizá esa sea la razón por la que Dios le concede mucha importancia a la relación entre padre e hijo. Cuando Moisés recibió los Diez Mandamientos, solo uno de ellos venía acompañado de una promesa: «Honra a tu padre y a tu madre, para que disfrutes de una larga vida en la tierra que te da el Señor tu Dios».[2] Deuteronomio 5.16 cita el mandamiento otra vez, pero agrega la frase «y te vaya bien».

Cuando oramos por la relación con nuestros hijos, invitamos a Dios a bendecir sus vidas y a cumplir la promesa de que les «irá bien». ¡Es un privilegio saber que nuestras muestras de amor hacia nuestros hijos pueden preparar el camino para que Dios se revele a sí mismo como su Padre celestial!

Principio de oración

Orar para que tus hijos te amen, te respeten, confíen en ti y te obedezcan prepara el camino para que amen, respeten, confíen y obedezcan al Padre celestial.

Ama a tus hijos cuando no sientas deseos de hacerlo

Dios desea que los hijos honren y obedezcan a los padres, pero su plan para las relaciones familiares no termina ahí. La Biblia está llena de versículos que señalan el deber de los padres de manejar sus hogares de manera apropiada, por ejemplo, Tito 2.3-5, un pasaje en el que Pablo exhorta para que las ancianas enseñen a las más jóvenes a «a amar a sus esposos y a sus hijos».

A primera vista, la petición de Pablo parece extraña. Después de todo, ¿cómo *entrenas* a alguien para amar? Realmente, ¿las madres necesitan consejo o ser instadas para amar a sus hijos?

Sí lo creo, o, al menos, pienso que en ocasiones necesitamos un poco de ayuda. Cuando comencé a trabajar en este libro, muchas madres con quienes platiqué me confesaron que a veces era difícil que les *gustaran* todos sus hijos, sin importar cuánto los *amaban*. Sin embargo, es aquí cuando historias como la de Beth nos resultan aleccionadoras. A sus cuarenta y seis años, a Beth le costaría representar el papel de una mujer anciana y sabia; no obstante, califica como una entrenadora personal bajo los lineamientos de Tito 2.

Beth tiene ocho hijos, y en sus veintitantos años de ser madre, ha sorteado más de un obstáculo a lo largo del camino. En particular, uno de sus hijos resultó ser más difícil de amar que el resto. De niño, Justin era llevadero y dócil, pero cuando alcanzó la adolescencia, se reveló una nueva faceta de su personalidad. Entre más intentaba Beth amarlo, más se alejaba él, y antes de que Beth y su esposo Tim se dieran cuenta de lo que estaba pasando, un abismo ancho y casi inexpugnable se había interpuesto entre su hijo y ellos. Sin importar lo que dijeran o hicieran, Justin se las arreglaba para criticar. Casi se sintieron aliviados cuando el chico optó por enrolarse en el ejército en lugar de terminar sus estudios; al menos Beth y Tim no tendrían que soportar a diario su condena y rebelión.

No obstante, con el tiempo, Justin regresó a casa junto a su esposa, quien cargaba un resentimiento similar al suyo. Beth y Tim debían andar con cuidado para no hacer o decir algo que pudiera ofender a su hijo.

A medida que Beth intercedía por su relación con Justin, se dio cuenta de que no podía asumir la responsabilidad de las acciones y los sentimientos de su hijo. Su tarea consistía en amarlo y dejar que Dios hiciera el resto. Además, Dios le reveló que la manera como solía mostrar amor a su familia, es decir, con mensajes de amor y chocolates sobre la almohada, no era necesariamente el «toque» de amor con el cual atraería a Justin o penetraría su corazón espinoso.

Beth le decía a Dios: «Señor, enséñame a amar a Justin. Confieso que no *siento* el deseo de amarlo, pero estoy dispuesta a permitirle a mi cabeza regir nuestra relación en lugar de mi corazón».

Ella siguió orando, y estaba dispuesta a brindar amor sin importar la reacción de Justin. Entonces, algo increíble sucedió: Beth asegura que su corazón comenzó a «crecer» hasta su cabeza, y experimentó un *agrado* profundo y genuino por su hijo y su esposa. Cuando de manera deliberada Beth escogió obedecer a Dios y mostrarle amor a su hijo, aun cuando no parecía que lo mereciera o aun lo deseara, Beth abrió la puerta de su corazón permitió que Dios obrara.

Beth me dijo: «Sé que es común escucharlo, pero Dios en verdad *puede* transformar circunstancias adversas en resultados buenos, si estamos dispuestos a permitírselo y a obedecerle sin importar cómo nos sintamos».

Principio de oración

El amor es una decisión, no una emoción. Si en oración decides seguir tu cabeza en lugar de tu corazón, podrás amar a tus hijos aun cuando actúen como puercoespines y no como personas.

Dar el ejemplo

Joanna es una de nuestras niñeras favoritas. Hace poco contrajo matrimonio, y durante todos los preparativos y festividades de la boda, me sorprendió la cercanía que tiene con su madre, Myrtie. He conocido a muchas madres e hijas amorosas, pero incluso las mejores relaciones entre madre e hija pueden colapsar un poco durante la planificación de una boda. Me preguntaba cómo había logrado Myrtie tener una hija tan grandiosa y cómo tenía Joanna una madre tan maravillosa.

Myrtie nunca presumiría de su relación con Joanna y sus otros dos hijos, pero le pedí permiso para reescribir una parte del mensaje que, en una ocasión, Joanna le había escrito en una tarjeta de cumpleaños. Pienso que nos ofrece una clave sobre la fortaleza del amor entre madre e hija, y nos brinda una lección valiosa de cómo deberíamos orar por nuestra relación con nuestros hijos:

> Has vivido tu vida para Dios, y has sido un ejemplo perfecto para todos tus hijos. Gracias por ser mi modelo durante los años en que poco a poco me he convertido en una mujer. Pronto seré una esposa, y, un día, seré madre. Sin tu guía, tu ejemplo inalterable e incesantes oraciones, no sé dónde estaría.

Al leer las palabras de Joanna, pensé sobre el futuro y oré para que un día mis hijas sientan lo mismo por mí. Pero con esa oración viene un fuerte sentido de responsabilidad: dar un buen ejemplo a mis hijos.

Todos queremos ser buenos ejemplos para nuestros hijos, pero ¿qué tan seguido nos detenemos a considerar lo que esto en verdad implica? Aparte de cambiar pañales, transportar a los hijos y ayudar con los proyectos de ciencias, se supone que las mujeres piadosas también son sabias, ingeniosas, hospitalarias, alentadoras, diligentes, creativas, generosas, fieles, vigilantes, vigorosas, fuertes y alegres, ¡y eso solo es el principio! Si crees que me lo estoy inventando, échale un vistazo a Proverbios 31.

Solía sentirme desanimada cuando leía ese pasaje. Comenzaba por tachar los versículos que tenía «cubiertos»: cosas como coser las colchas y los volantes, o mantener mi lámpara encendida en la noche para redactar mis interminables «listas de tareas». Pero sin importar cuánto lo intentara, nunca conseguía ir más allá de eso. Como dice mi amiga Kenzie, siempre era «la mujer de Proverbios 32».

Pero aquí es donde aparece Jesús. Por mis méritos, no podría dar el ancho. Sin importar cuán arduo sea mi intento para hacer todo de la manera «correcta», siempre habrá ocasiones en que defraudaré a mis hijos. A diferencia de la madre de Proverbios 31, quizá nunca sepa lo que se siente que mis hijos salgan de la cama en la mañana y me llame «¡bendita!». Pero he aprendido que entre menos confío en mis habilidades y más confío en Cristo, y entre más dejo que mis hijos vean mi dependencia de él para obtener sabiduría, guía y fortaleza, más capaz soy de brindarles un ejemplo digno a seguir. Podré decir «vean a Jesús», en lugar de «véanme a mí».

Myrtie es una madre grandiosa, y es una de las mujeres más amables, generosas y amorosas que conozco. Pero también es humana, y Joanna, al igual que todas las hijas, es sin duda consciente de las fallas de su madre. Cuando Joanna la describe como un «ejemplo perfecto», no creo que se refiera a que su madre sea perfecta; más bien sospecho que cuando Joanna ve a su madre, en realidad ve un reflejo de Jesús.

Principio de oración

Cuando tus hijos observan que dependes del Señor
en oración, aprenden a pasar por alto tus debilidades
para reconocer y apreciar las fortalezas de Dios.

Preparada para la oración

¿Qué miran tus hijos al verte a ti? Si estás donde yo estaba, intentando ganarte el amor de tus hijos y las alabanzas de tu esposo y buscando ser la mujer de Proverbios 31, date por vencida. No puedes lograrlo. *Pero Dios sí puede.* Él puede convertirte en la esposa y madre que deseas ser, así como moldear y desarrollar a tus hijos en respuesta a tus oraciones.

Permítele a Dios obrar en tu vida. Busca a una mujer mayor cuya relación con sus hijos sea el ejemplo de lo que quieres para tu propia familia. Observa sus acciones y luego, como las mujeres jóvenes de Tito 2, sigue su ejemplo, y convierte tus observaciones en oraciones. Por ejemplo, cuando veo la relación entre Myrtie y Joanna, me vienen a la mente tres oraciones específicas:

1. *Le pido a Dios que me dé tiempo con mis hijos y que, como familia, deseemos pasar tiempo juntos.* Myrtie ha invertido muchísimas horas con sus hijos, desde cuando gateaba con ellos en el piso en su infancia hasta en sus viajes largos en bicicleta al crecer, y eso se nota. Una y otra vez, la he visto poner su relación por encima de su «lista de tareas», y oro para que Dios me muestre cómo utilizar mi tiempo con sabiduría.

2. *Le pido a Dios que me ayude a ver la disciplina como un regalo y no como un mal necesario.* Los límites que Myrtie le imponía al comportamiento de sus hijos durante su crecimiento no siempre resultaban populares. Pero tal como ella me lo comentó en una ocasión: «Una debe estar dispuesta a no gustarles a sus hijos en algún momento para demostrarles que, en verdad, una los ama.»

Los hijos encuentran seguridad en los límites, y no se sentirían amados si siempre se les permite hacer lo que quieren».

3. *Le pido a Dios que me muestre cómo dirigir mis hijos hacia Jesucristo.* Aspectos como el tiempo, la disciplina y el amor son parte vital en la relación entre padres e hijos. Sin embargo, Myrtie asegura: «Lo más importante que puedes hacer por tus hijos es mostrarles y hablarles sobre el amor de Dios». Oro para que al dirigir a mis hijos hacia Dios y mientras ellos se acercan más a él, también creceremos como familia.

Estas son algunas de mis oraciones. Sin duda, descubrirás otras al estudiar la vida y los métodos de las mujeres que han transitado el camino de la maternidad antes que tú. Lo más importante es orar, tanto por tus hijos como por ti misma, para que al seguir los mandamientos de Dios, tú y tus hijos cosechen los beneficios de una relación más fuerte, más saludable y más gozosa.

Oraciones que puedes utilizar

Padre celestial...

Haz que _____ nos obedezca, porque es justo. Permítele honrarnos, a su padre y a su madre, para que le vaya bien y disfrute de una larga vida en la tierra.   Efesios 6.1-3

No permitas que lo hagamos enojar, sino ayúdanos a criarlo según la disciplina e instrucción del Señor.   EFESIOS 6.4

Haz que _____ escuche las correcciones de su padre y no abandone las enseñanzas de su madre. Permite que _____ ame la sabiduría y traiga gozo a nuestros corazones.   PROVERBIOS 1.8; 29.3

Enséñale a _____ a obedecernos en todo, porque esto te agrada, Señor. No permitas que hagamos o digamos algo que la exaspere o la desanime.   COLOSENSES 3.20-21

Así como un pastor lo hace, prometiste cuidar tu rebaño. Toma a _____ como un cordero en tus brazos y llévalo junto a tu pecho, así como prometiste guiar a los más jóvenes con cuidado, enséñanos, como padres, cómo guiar y cuidar a _____.   ISAÍAS 40.11

Permite que _____ obedezca nuestros mandamientos y no abandone nuestra enseñanza. Que los grabe en su corazón y los cuelgue alrededor de su cuello. Cuando camine, haz que nuestras enseñanzas la guíen; cuando duerma, que vigilen su sueño; cuando despierte, permite que nuestras palabras le hablen. Permite que _____ considere nuestras instrucciones y mandamientos como una lámpara que la guíe. Permítele recibir nuestra disciplina como el camino a la vida.

PROVERBIOS 6.20-23

Señor enséñanos a ver la disciplina como un regalo. Ayúdale a _____ a reconocer que cuando lo disciplinamos, es porque lo amamos porque pertenece a nuestra familia, tal como tú lo haces con quienes amas y a quienes aceptas como tus hijos e hijas. Haz que _____ nos respete cuando lo disciplinemos y reconozca nuestro esmero por hacer lo mejor y que también nosotros nos sujetemos a tu disciplina, pues es para nuestro bien.

HEBREOS 12.5-10

Haz que nuestro corazón se reconcilie con nuestros hijos y el corazón de nuestros hijos con nosotros.

MALAQUÍAS 4.6 (RVR1960)

Permítenos amarnos con el amor que viene de ti. Al amarnos así, Señor, permanece entre nosotros, y que tu amor se manifieste plenamente.   1 JUAN 4.7, 12

PARTE 5

ORAR por el FUTURO de tu HIJO

CAPÍTULO 17

Ora por el propósito de tu hijo en la vida

Porque yo sé muy bien los planes que tengo para ustedes, afirma el Señor, planes de bienestar y no de calamidad, a fin de darles un futuro y una esperanza.

JEREMÍAS 29.11

Una noche, mientras trabajaba en este libro (no puedo creer que les esté contando este incidente) escuché a uno de mis hijos subir con sigilo por las escaleras traseras que dan hacia mi oficina.

—¿Quién anda ahí? —pregunté.

—Soy Virginia —replicó, con tono suave.

—¡Se supone que estarías dormida! —espeté, sin apartar los ojos de la pantalla de la computadora—. Ya no es hora de estar despierta, ¡vuelve a la cama *de inmediato!*

Escuché cuando Virginia dio la vuelta y bajó por las escaleras. Entonces, cuando estaba casi fuera del alcance de mi oído, su vocecita llegó hasta mí: «¡Pero te he estado esperando para que vengas a orar conmigo!».

Decir que me sentí como un trapo sucio sería insuficiente. Robbie estaba fuera de la ciudad por negocios, y me había apresurado para meter a los chicos a la cama más temprano, con la promesa de que «en un minuto» volvería para orar con ellos y darles el beso de las buenas noches. El minuto se convirtió en más de una hora ya que fui a limpiar la cocina, hacer unas cuantas llamadas telefónicas y a sentarme frente a la computadora sin recordar en lo absoluto mi promesa. Ahí me hallaba, a la caza de versículos bíblicos sobre la oración y ¡olvidando atender la verdadera oración! El hecho de casi le arranco la cabeza a Virginia cuando interrumpió mis ocupaciones solo empeoró las cosas.

En contraste, considera cómo reaccionó mi amiga Hollis ante una interrupción similar. A menudo, ella se levanta a primera hora de la mañana para dedicarle tiempo al Señor. Mi amiga tiene una cama con dosel que es grande y maravillosa, en la que ha colocado abundantes almohadas de plumas de ganso y montones de ropa blanca y frazadas cómodas. Puedo imaginármela sentada ahí a las cinco y treinta de la mañana, envuelta en su bata, con una humeante taza de Café Vienna en una mano y la Biblia apoyada en sus rodillas.

Una mañana, Hollis escuchó el piso crujir. Unos segundos después, su hija Sarah Lawton apareció sigilosamente en la habitación.

—¿Qué haces, mami? —preguntó Sarah Lawton.

—Leo mi Biblia.

—¿Qué lees?

—Bueno, ven y mira —dijo Hollis, mientras colocaba su café sobre la mesa de noche.

Sarah Lewton trepó la enorme cama y se acurrucó en los brazos de su madre.

Hollis retomó la lectura donde se había detenido y leyó lentamente Jeremías 29.11-13: «Porque yo sé muy bien los planes que tengo para ustedes, afirma el Señor, planes de bienestar y no de calamidad, a fin de darles un futuro y una esperanza. Entonces ustedes me invocarán, y vendrán a suplicarme, y yo los escucha-ré. Me buscarán y me encontrarán, cuando me busquen de todo corazón».

Mientras leía, Hollis se conmovió al pensar cómo aquellas palabras habrían sonado en los oídos de su hija. Entonces, agre-gó: «Sarah Lawton, ¿sabías que estas palabras las escribieron para ti? Dios tiene un plan especial para tu vida y un propósito espe-cial para tu futuro. Él ha prometido que cuando lo busques, lo encontrarás».

Los expertos en la crianza de niños nos sugieren aprovechar tales «momentos de enseñanza» en la vida de nuestros hijos. Tan solo por incluirla en su estudio bíblico, Hollis le dio a su hija una noción de destino, valor y propósito. Cuánto mejor hubiese sido escuchar a Virginia en las escaleras y recibirla en mi oficina para mostrarle los versículos que había encontrado y decirle, tal como lo hizo Hollis con su hija, que Dios había dejado sus promesas especialmente para ella.

Dios ama a tus hijos, y tiene un plan especial para su vida. Pero tus oportunidades para comunicar esas verdades no siempre vendrán cuando las desees o en la manera que las esperas. En este capítulo, quiero abrir tus ojos a las maneras como puedes orar por el sentido de propósito en la vida de tus hijos y animarte a permanecer alerta a los «momentos de enseñanza» que Dios pone en tu camino.

Dios utiliza personas ordinarias

Hace unas cuantas semanas, Dios me brindó una oportunidad
inesperada en el décimo cumpleaños de Hillary. Era su primera
fiesta de pijamas, y mientras ayudaba a nueve chicas a preparar
sus bolsas de dormir en la habitación de Hillary, sin previo avi-
so decidí relatarles una historia antes de dormir. Les pregunté:
«¿Cuántas han escuchado alguna vez sobre la reina Ester?».

Pensé que Ester era la opción principal para un grupo de
preadolescentes. Su historia está llena de romance, intriga, com-
plots de asesinato, peligro y triunfo. Además, Ester, tan hermosa
como era, debía completar doce meses de tratamientos de belleza
antes de comparecer ante el rey. Si esos temas sobre perfumes y
cosméticos no capturaban la mente de una chica de diez años,
¡entonces no sabía qué lo haría!

La Biblia también nos dice que Ester era una chica judía
como cualquier otra, la cual quedó huérfana a temprana edad y
bajo la crianza de su primo, Mardoqueo. No fue sino hasta que
Ester llegó al palacio que Dios puso en marcha su plan definiti-
vo para su vida. ¡Y qué plan! Cuando uno de los nobles del rey,
Amán, fragua un plan para destruir a todos los judíos del reino,
Mardoqueo persuade a Ester para intervenir a su favor, y le enca-
ra: «¡Quién sabe si no has llegado al trono precisamente para un
momento como éste!».[1]

Mientras leía la historia de Ester en esa habitación llena de chicas, observé cómo su interés crecía con cada cambio en la trama. Me di cuenta de que la mayoría nunca había escuchado la historia. No pasó mucho tiempo para que se levantaran, se preocuparan por el plan maligno de Amán, se encariñaran con Ester y aclamaran el triunfo de Mardoqueo. Su entusiasmo me hizo reír, y luego les recordé una de las verdades centrales de la historia: «Ester era una chica como cualquier otra, no mucho mayor que ustedes ni tampoco muy diferente. Pero Dios tenía un plan para su vida, y la utilizó en una forma maravillosa, así como lo puede hacer con cada una de ustedes».

Las Escrituras están repletas de «héroes» improbables: personas corrientes que Dios utilizó para propósitos extraordinarios cuando estas no se enfocaban en sus limitaciones sino que depositaban su confianza en él. Por ejemplo, a pesar de que Moisés carecía de confianza personal para hablar en público, Dios lo usó en repetidas ocasiones para confrontar al rey más poderoso del mundo y liberar a una nación entera de la esclavitud. Jeremías se quejaba de ser tan solo un niño, pero en las manos de Dios se convirtió en el portavoz del Señor ante Israel. David era un pastor de ovejas joven y desconocido antes de que Dios lo ungiera como futuro rey de Israel.

Estos hombres y muchos más eran personas comunes y corrientes. No obstante, Dios conocía sus nombres incluso antes de su nacimiento; de la misma forma, conoce nuestros nombres y los días de nuestra existencia incluso antes de que sucedan.[2] Me encanta cómo lo expone el rey David:

Tú creaste mis entrañas; me formaste en el vientre de mi madre. Tus ojos vieron mi cuerpo en gestación: todo estaba ya escrito en tu libro; todos mis días se estaban diseñando, aunque no existía uno solo de ellos.[3]

─────────── Principio de oración ───────────

Cuando en oración pones a tus hijos «comunes y corrientes» en las manos de Dios, lo invitas a que los utilice de maneras extraordinarias.

Tu trabajo y el trabajo de Dios

Susan Alexander Yates es madre de cinco hijos, y el menor de ellos cursa estudios universitarios. Como autora de grandes ventas y conferencista en temas de familia, Susan asegura que cuando su esposo John y ella veían crecer a sus hijos, intentaban prepararlos para enfrentar cualquiera fuera su futuro. «Nuestra labor es prepararlos y el trabajo de Dios es llamarlos», explica.

En la familia Yates, el proceso de preparación incluye desde practicar normas de etiqueta en la mesa (Susan dice: «Nunca sabes si Dios llamará a tus hijos a cenar con reyes») hasta trabajar en una misión de la iglesia en las zonas marginales. Susan y John también analizan los dones de sus hijos, además de nutrirlos y pulirlos por si acaso sus talentos y habilidades sean cruciales en el plan de Dios para su futuro.

Como padres, es fácil y engañoso confundir nuestro trabajo con el de Dios y animar a nuestros hijos para que busquen carreras u oportunidades de ministerio específicas. Ron Blue, un cristiano experto en finanzas, dice que eso ocurre con frecuencia en familias que poseen negocios, y que uno de los errores más comunes de los padres es suponer que les entregarán su negocio a sus hijos, sin haber considerado si están calificados para administrarlo, o incluso, si les interesa hacerlo.

En lugar de encasillar o manipular a nuestros hijos para que sigan un camino específico que quizá no esté alineado al plan de Dios, aprendamos a ver a nuestros hijos con los ojos de Dios y a alinearnos a nosotros mismos al plan para sus vidas. Para este fin, la escritora Jean Fleming recomienda mantener de forma habitual tiempos de oración y planificación para cada hijo. Al poner a nuestros hijos ante Dios, la escritora nos sugiere tener en cuenta algunos aspectos:

- *Reconocer* la mano de Dios en sus vidas, incluso antes de su nacimiento.
- *Admitir* cualquier área en la que no nos sintamos a gusto por la manera en que Dios formó a nuestros hijos.
- *Aceptar* el plan de Dios para nuestro hijo o hija y agradecerle por cómo ha sido creado o creada.
- *Afirmar* el propósito de Dios al crear a nuestros hijos para su gloria.
- *Aliarnos* con Dios en sus planes para sus vidas.[4]

Por supuesto, no es siempre fácil confiar en Dios y su plan para nuestros hijos, además de aceptar sus tiempos. Sin embargo, si recordamos que él los ama (incluso más que nosotros), que sabe lo mejor para ellos (aun más que nosotros) y que ha prometido hacer todas las cosas para el bien de quienes lo aman,[5] podemos dejar de presionar o insistir y concentrarnos en el verdadero asunto: la oración.

_____ Principio de oración _____

Pedirle a Dios que cumpla su propósito en la vida
de tus hijos requiere que te alinees a ese plan.

Preparada para la oración

Gracias a la visita prenatal de los ángeles, la virgen María y su
familiar, Elisabet, se hicieron una idea sobre quiénes serían sus
hijos y qué harían.[6] Sin embargo, para el resto, la idea de soste-
nernos de la visión de Dios en cuanto a nuestros hijos puede ser
intimidante. Una táctica que puede ayudarnos en ese proceso
es establecer en oración una declaración de misión para nuestra
familia.

La declaración de misión para la familia es muy parecida a la
declaración de misión que muchas empresas exitosas de hoy en
día utilizan. Refleja los valores y las metas de la familia, y puede
determinar si la familia es meramente «buena» o «aceptable» o
una caracterizada por la excelencia, la plenitud y el gozo genuino.

En las Escrituras vemos un tema recurrente en las vidas y circunstancias de muchos de los personajes bíblicos: el hecho de que
Dios dispone de las circunstancias y actúa en los corazones de las
personas para *recibir la gloria*. Con este aspecto en mente y sobre
la base de Jeremías 32.38-40 y Efesios 3.20-21, hemos redactado
la declaración de misión o propósito para la familia Berndt:

Somos el pueblo de Dios, y él es nuestro Dios.

En todas las cosas lucharemos por poseer

unidad de corazón y acción,

temeremos a Dios por nuestro bien y

por el bien de los hijos de nuestros hijos.
Puesto que Dios puede hacer muchísimo más
que todo lo que podamos imaginar o pedir,
le daremos la alabanza, el honor
y la gloria por todas las generaciones.

Cuando redactes tu propia declaración de misión, piensa en las cosas que son más importantes para ti, las metas que más deseas alcanzar. Tu declaración de misión debe reflejar esos valores y prioridades. A medida que tus hijos crezcan, invítales a que en oración elaboren su propia declaración de misión: estándares que les pueden ayudar para escoger con sabiduría al enfrentar las decisiones de la vida. Por ejemplo, si «desarrollar un carácter como el de Cristo» es parte de la declaración de misión de tu hijo, él puede considerar jugar en el equipo de fútbol de la secundaria como una manera de fomentar atributos piadosos como la disciplina personal, el respeto a la autoridad y la disposición a apoyar y trabajar con sus compañeros. Unirse al equipo puede costarle tiempo y energía, pero si el hecho de jugar fútbol se alinea a sus metas generales, tu hijo puede concluir que el esfuerzo vale la pena.

Al dedicarse a cumplir su misión familiar, rodéense de personas afines a su visión. Un apartado de nuestra declaración de misión es apoyar y animar a los maestros, empleados y familias representadas en las escuelas de nuestros hijos. Junto a nuestros amigos, los Keshian, una de las cosas que hemos hecho para realizar esa visión ha sido celebrar el comienzo y el fin del año escolar con una fiesta casual de helados. Preparamos copas de helado, jugamos en el patio trasero, descansamos en la grama, observamos las estrellas y, luego, oramos por nuestros hijos y su escuela.

Además de animarnos como padres, esos tiempos de oración casuales son una manera fabulosa de mostrarles a nuestros hijos cómo integrar su fe en su diario vivir. Quizá los niños ni se imaginen que tales reuniones sirven para cumplir el propósito de Dios en nuestras familias. Sin embargo, cuando ven la mano de Dios sobre sus compañeros de clase, maestros y escuelas, no pueden ignorar que, a través de la oración, han jugado un papel en el plan maestro de Dios.

Oraciones que puedes utilizar

Padre celestial...

Tú conoces tus planes para _____, planes de bienestar y no de calamidad, planes para darle un futuro y una esperanza. Haz que te invoque y venga a suplicarte. Escúchalo, oh Señor. Permite que te busque con todo su corazón y que te encuentre cuando lo haga. Jeremías 29.11-13

Cumple todo buen propósito en la vida de _____ así como toda obra que provenga de su fe, de modo que el nombre de nuestro Señor Jesús sea glorificado en su vida.

2 Tesalonicenses 1.11-12

Ayúdale a _____ a tener cuidado en su manera de vivir, que aproveche al máximo cada momento oportuno y con entendimiento de cuál es tu voluntad para su vida.

Efesios 5.15-17

Obra en la vida de _____ para que piense y actúe de acuerdo a tu buen propósito. Filipenses 2.13

Cumple tu propósito en _____; ¡no abandones la obra de tus manos! Salmos 138.8

Gracias porque ningún ojo ha visto, ningún oído ha escuchado, ninguna mente humana ha concebido lo que has preparado para _____ porque él te ama. Haz que esté dispuesto a esperar en ti y a buscar su bien.

1 CORINTIOS 2.9; ISAÍAS 64.4

Gracias por comenzar la buena obra en _____, la cual perfeccionarás hasta el día de Cristo Jesús.

FILIPENSES 1.6

Permite que _____ se alegre por todos tus planes para ella. Ayúdala a ser paciente en las dificultades y que siempre siga orando. ROMANOS 12.12 (NTV)

Sin importar lo que _____ planifique en su corazón, haz que al final prevalezca tu designio en su vida

PROVERBIOS 19.21

CAPÍTULO 18

Ora por
el matrimonio de tu hijo

Quien halla esposa halla la felicidad:
muestras de su favor le ha dado el Señor.
PROVERBIOS 18.22

«¿Cómo supiste que Robbie era el hombre para ti?».

La pregunta de Anne me tomó por sorpresa. Su hija Heather había entablado una relación especial con un joven, y para nadie era un secreto que toda la familia esperaba que fuese «el correcto». Cuando Heather escuchó la pregunta de su madre, dejó el libro que leía y levantó la vista en espera de mi respuesta.

Entonces respondí: «No lo sé, solo lo supe. Me pidió que me casara con él, y le respondí que sí».

Estoy segura de que mi respuesta no las satisfizo. Me hubiera gustado decir que Dios me habló, que me dio una señal o que había ayunado u orado en busca de sabiduría; cualquier cosa se hubiese escuchado mejor que «no lo sé, solo dije que sí».

A decir verdad, había estado orando por mi esposo durante años, sin importar quién fuese. De adolescente, acompañé a mis padres al seminario de Bill Gothard («Conflictos básicos de la juventud»), y regresé con una visión bastante clara del significado de un buen matrimonio y de que deseaba un esposo cristiano. Además de eso, deseaba que poseyera cualidades como una conciencia limpia, una noción de propósito, la disposición de respetar y someterse a la autoridad y la habilidad de ganarse la vida. Mientras le oraba a Dios por mi futuro esposo, también le pedía que lo protegiera, lo ayudara para que le fuera bien en la escuela y que le diera una relación amorosa y sólida con sus padres.

Cuando conocí a Robbie en la universidad, nunca pensé que pudiera ser la respuesta a mis oraciones. Primero, él no era cristiano. Poseía un trasfondo cristiano, pero nunca había escuchado de tener una relación personal con Jesucristo, ni parecía interesado en transitar por ese camino. Sin embargo, era guapo, atlético, inteligente y divertido; por lo que, considerando que sería un buen pretendiente para *alguien,* se lo presenté a una de las integrantes de mi hermandad.

No obstante, Dios tenía otra idea. Para no extenderme en la historia diré que Robbie terminó por entregar su vida a Cristo y que nuestra amistad se convirtió en un romance maduro. Sin embargo, no hablábamos mucho sobre el futuro, así que de alguna manera me sorprendió cuando tan solo tres semanas después de la graduación, me propuso matrimonio. Resultó que yo era la única sorprendida, pues los padres de Robbie conocían el plan y ya había solicitado y recibido la bendición de mis padres.

Respondí que sí, pero años más tarde, cuando Anne me preguntó *cómo* supe que él era el indicado, me puse a pensar. ¿Cómo *supe* qué decir? Sorprendida por su propuesta, ¿cómo pude aceptarla con tal confianza y paz?

No lo sabía, y quizá nunca lo hubiera sabido si no hubiera comenzado a trabajar en este capítulo. Entrevisté a muchos cristianos maduros (entre ellos, mis padres) y les pregunté sobre sus oraciones por el matrimonio futuro de sus hijos.

Mi padre me respondió: «Bueno, desde que eras adolescente, orábamos por dos cosas. La primera era que Dios protegiera tus emociones y no te permitiera ser atraída por alguien que no fuera su voluntad. En segundo lugar, orábamos para que cuando el Señor enviara al hombre correcto, el Espíritu Santo controlara tu corazón, que la paz de Cristo reinara en tu corazón, como si fuese un árbitro en tu decisión».

Sentí deseos de explotar de alegría. ¡La razón por la cual dije sí era la oración de mis padres extraída directamente de Colosenses 3.15! Ansiaba telefonear a Anne y replantearle mi respuesta a su pregunta: «Sabía que Robbie era el hombre correcto para mí porque mis padres habían pasado años orando por mi decisión. ¡La paz que sentí era la respuesta directa a una oración específica!».

━━━━━━━━━━━ **Principio de oración** ━━━━━━━━━━━

Nunca es demasiado pronto para comenzar a orar
por la elección de tu hijo respecto a su prometida,
su cónyuge y su matrimonio en sí.

Cuando Dios permite que ocurran imprevistos

Marjorie y su esposo Dan se sintieron complacidos cuando su hijo, Dan Jr., les anunció su deseo de casarse con su novia Sarah. Ella provenía de un hogar cristiano sólido, lo cual era evidente: era hermosa en espíritu y en apariencia. Dan la había cortejado con la bendición de ambas familias. Marjorie recuerda las noches cuando mecía al pequeño Dan en sus brazos, orando por su futura esposa. En Sarah, sus sueños se habían hecho realidad.

Sin embargo, no podía decir lo mismo sobre su otra nuera. Cuando su hijo David les declaró sus planes de boda, Marjorie y Dan se quedaron atónitos. David y Taylor solo tenían dos meses de conocerse, y Marjorie y Dan ¡no la habían conocido! El anuncio de David los había sorprendido, pero eso no se comparó con la ola de conmoción que les sobrevino un mes después cuando David les informó, justo en el Día del Padre, que *¡ya* tenían dos semanas de estar casados!

Marjorie y Dan sabían que debían tomar una decisión. Podían darle la bienvenida a Taylor a la familia o podían rechazarla. Desde un punto de vista estrictamente emocional, la segunda opción parecía la mejor. Marjorie y Dan habían intercedido para que la esposa de David proviniera de un hogar piadoso, donde los padres estuvieran comprometidos entre ellos y con Cristo Jesús. No obstante, sospechaban que Taylor no cumplía esos estándares.

Sin embargo, en su corazón, Marjorie sabía lo que debían hacer. Organizaron una reunión con David y Taylor en un restaurante, donde pensaban dejar de lado sus sentimientos, brindarle una bienvenida cálida a su nueva nuera y bendecir su matrimonio con su hijo. Sabían que David no acostumbraba tomar decisiones sabias, pero, ¿qué tan inadecuada podría ser su nueva esposa?

Si Marjorie y Dan hubieran conocido la verdad, habrían pensado dos veces antes de organizar la reunión. Resultó que Taylor era el producto de un matrimonio roto, y que sus padres se habían casado cuatro o cinco veces cada uno por su lado. Su madre, una adicta a los medicamentos prescritos, vivía con uno de varios hombres con los que había salido desde que Taylor escapara de casa a sus quince años. Taylor no había terminado la secundaria.

Mientras observaba a sus suegros al otro lado de la mesa después de informales sobre su vida, se inclinó hacia delante, se apoyó en sus codos y les preguntó: «Ahora, ¿aún quieren darme la bendición?».

Marjorie sintió que sus emociones se arremolinaban, y en su interior clamó: *¡Señor! ¡No puedo amar a esta chica! Ni siquiera estoy segura de amar a mi propio hijo. Sin embargo, estoy dispuesta a hacerlo si tú me muestras cómo. No siento el deseo de amarlos, pero sé que quieres que lo haga, y te obedeceré.*

Parecía algo imposible e insignificante, pero una vez Marjorie y Dan se propusieron amar a Taylor y aceptar el matrimonio, Dios comenzó a revelar la obra de sus manos. Durante años, el resentimiento que David albergaba lo llevó a rebelarse contra sus padres de forma tal que sus tres hermanos no imaginaron imitar. A pesar de todo, Marjorie se había mantenido orando por él. Depositaba «centavos en la alcancía» (como ella dice) y confiaba que Dios lo dirigiría y lo protegería.

La mayor parte del tiempo, Marjorie observaba poca evidencia de que Dios había siquiera escuchado sus peticiones, pero ahora, con su matrimonio con Taylor, parecía que David cambiaba de la noche a la mañana. Marjorie dijo: «Dios utilizó la situación menos pensada, es decir el matrimonio de David, para catapultarlo a un nivel de responsabilidad, sensibilidad y madurez del cual había huido durante años. Además, en verdad amo a Taylor. Es perfecta para David, y se ha convertido en la quinta integrante de la familia».

Por increíble que parezca, Taylor, con todo el trasfondo del cual provenía, era la respuesta de Dios a las oraciones amorosas de esos padres. Si Marjorie y Dan no hubieran llegado a amarla

y aceptarla, se hubieran perdido una de las más ricas bendiciones
de Dios.

───────── **Principio de oración** ─────────

Cuando ores por el matrimonio de tu hijo, Dios te es-
cuchará y responderá. Puedes confiar en su respuesta,
¡aun cuando pareciera que existe algún tipo de error!

───────────────────────────────

Sé específica

Al considerar historias como la de Marjorie, algunos podríamos
sentir la tentación de reavivar la práctica de los matrimonios
«arreglados». Sin embargo, gracias al privilegio de la oración podemos aprovechar una oportunidad aun mejor. Podemos pedirle
a Dios que escoja a los cónyuges de nuestros hijos, y, en oración,
podemos influenciar y bendecir la vida de nuestros yernos y nue-
ras antes de conocerlos.

En lugar de señalar a una *persona* en particular como pareja
para nuestros hijos, sería más sabio orar por *características* o *atributos* de *carácter* en particular para el cónyuge que Dios tiene en
mente. Cuando a Isaac le llegó el tiempo de casarse, Abraham
tenía algunas ideas bastante concretas sobre el tipo de esposa que
deseaba para su hijo. No podía ser cananea; en lugar de eso, deseaba alguien de su propio país, alguien cuya familia reconociera
al Señor. Ya que era muy viejo para emprender el viaje por su
cuenta, Abraham envió al criado más antiguo de su casa a bus-
carle esposa a su hijo.

A medida que el criado se acercaba a la tierra de Abraham, ele-
vó una plegaria específica: «SEÑOR [...] aquí me tienes, a la espera

junto a la fuente, mientras las jóvenes de esta ciudad vienen a sacar agua. Permite que la joven a quien le diga: "Por favor, baje usted su cántaro para que tome yo un poco de agua", y que me conteste: "Tome usted, y además les daré agua a sus camellos", sea la que tú has elegido para tu siervo Isaac. Así estaré seguro de que tú has demostrado el amor que le tienes a mi amo».[1]

Es evidente que el criado de Abraham pedía una señal de Dios. No obstante, creo que hay más en esa oración de lo que parece. Pienso que al orar por una chica que le diera de beber a él y a sus camellos (¡una labor de ninguna manera fácil!), el criado le pedía a Dios que le mostrara una mujer con la bondad, la solicitud, la generosidad, la paciencia y la fortaleza que Isaac valoraría en una esposa. Y, ciertamente, Rebeca resultó ser todo eso y más.

Cuando ores por las parejas futuras de tus hijos, piensa en Santiago 4.2 («No tienen, porque no piden»), y sé específica. Una de mis amigas, cuyos padres están divorciados, ora para que sus hijos se casen con personas provenientes de hogares no destruidos. Otra amiga le pide a Dios que sus hijos encuentren a sus parejas pronto en sus vidas, para así disfrutar de las bendiciones del matrimonio y minimizar las tentaciones sexuales durante los años de adultez. Conocemos a dos jóvenes que piden esposas honestas, virtuosas, puras y con buen sentido del humor. ¡Y una chica me dijo que deseaba un esposo con labios delgados!

¿Es equivocado ser así de específico ante Dios? No lo creo, en particular cuando cubrimos nuestras peticiones con un deseo total de ver la voluntad de Dios cumplida. De hecho, creo que Dios *ama* responder esas oraciones, como Mateo 7.11 lo declara: «Pues si ustedes, aun siendo malos, saben dar cosas buenas a sus hijos, ¡cuánto más su Padre que está en el cielo dará cosas buenas a los que le pidan!».

Cuando ores por los cónyuges de tus hijos, ¡no temas ser específica!

Preparada para la oración

¿Cuáles son *tus* deseos para el matrimonio de tus hijos? Una de mis oraciones es que mis hijos se casen con personas que amen a Dios con todo su corazón, alma, mente y fuerza, y que amen a su prójimo como a sí mismas, tal como lo describe Marcos 12.29-31. Otra de mis oraciones es que mis hijos y sus cónyuges conozcan la bendición y el gozo de honrar a sus padres según Éxodo 20.12.

Guarda tu lista de peticiones y pónles fechas y referencias bíblicas de manera que tengas un registro de la fidelidad de Dios al responderlas. También, cuando ores por el matrimonio de tus hijos, no olvides orar por ellos mismos, para que Dios los convierta en jóvenes piadosos. Los autores Ned y Drew Ryun enfatizan el valor de los años antes del matrimonio, y señalan que es entonces cuando «se desarrolla el carácter, se aprenden habilidades y se dominan la carne y sus deseos. Es un tiempo para servir al Señor con todo el corazón, antes de que las exigencias del matrimonio y la familia comiencen a competir por nuestro tiempo y atención».[2] Permíteme sugerirte dos pasajes de las Escrituras que sirven como oraciones «prematrimoniales». Coloca el nombre de tus hijos en los versículos, y pídele a Dios que haga de tus hijos «buenos esposos y esposas», tal como lo describe la vieja canción El violinista en el tejado.

Proverbios 31: la oración por una mujer ejemplar

¡_____ es más valiosa que las piedras preciosas! Su esposo confía plenamente en ella y no necesita de ganancias mal habidas. Ella le es fuente de bien, no de mal, todos los días de su vida. Anda en busca de lana y de lino, y gustosa trabaja con sus manos [...] _____ tiende la mano al pobre, y con ella sostiene al necesitado [...] se reviste de fuerza y dignidad, y afronta segura el porvenir. Cuando habla, lo hace con sabiduría; cuando instruye, lo hace con amor. _____ está atenta a la marcha de su hogar, y el pan que come no es fruto del ocio. Sus hijos se levantan y la felicitan; también su esposo la alaba. Muchas mujeres han realizado proezas, pero tú, _____, las superas a todas. Engañoso es el encanto y pasajera la belleza; la mujer que teme al SEÑOR es digna de alabanza.

Salmos 112: la oración por un hombre justo

Dichoso es _____ porque teme al SEÑOR, y halla gran deleite en sus mandamientos. Sus hijos dominarán el país; la descendencia de los justos será bendecida. En su casa habrá abundantes riquezas, y para siempre permanecerá su justicia. Para _____ la luz brilla en las tinieblas. ¡Dios es clemente, compasivo y justo! Bien le va al que presta con generosidad, y maneja sus negocios con justicia. Ciertamente _____ nunca fracasará, el justo será siempre recordado. No temerá recibir malas noticias; su corazón estará firme, confiado en el Señor. Su corazón estará seguro, no tendrá temor, y al final verá derrotados a sus adversarios.

_____ ha repartido sus bienes entre los pobres; su justicia permanece para siempre; su poder será gloriosamente exaltado.

Oraciones que puedes utilizar

Padre celestial...

No permitas que _____ forme yunta con una chica o esposa incrédula. ¿Qué tienen en común la justicia y la maldad? ¿O qué comunión puede tener la luz con la oscuridad? Más bien, permítele unirse a una mujer que te invoque como Dios, que sea contada entre tu pueblo.

2 Corintios 6.14-17

Haz que _____ esté dispuesta a esperar en tu tiempo perfecto al buscar un esposo. Incluso Jacob esperó siete años para casarse con su amada Raquel. Y tal como lo hiciste con Jacob, permite que el tiempo de espera parezca pasar con mayor velocidad.

Génesis 29.20

Permítele a _____ ser un esposo considerado que trata a su esposa con respeto, así nada estorbará sus oraciones. Permítele amar a su esposa como Cristo amó a la iglesia y esté dispuesto a renunciar a sí mismo por ella.

1 Pedro 3.7; Efesios 5.25

Permite que _____ sea una esposa honorable, no ca-
lumniadora sino moderada y digna de toda confianza. Permite
que se someta a su esposo como al Señor.

1 TIMOTEO 3.11; EFESIOS 5.22

Haz que _____ tenga en alta estima el matrimonio
y lo mantenga puro, porque tú juzgarás a los adúlteros y a todos
los que cometen inmoralidades sexuales. HEBREOS 13.4

Permite que _____ y su futuro esposo huyan de la inmorali-
dad sexual, sabiendo que sus cuerpos son templo del Espíritu San-
to. Hazles saber que te pertenecen y que te honren con sus cuerpos.

1 CORINTIOS 6.18-20

Señor, bendice el matrimonio de _____. A medida
que envejezca, hazlo regocijarse con la mujer de su juventud.

PROVERBIOS 5.18

Muéstrale a _____ y a su esposo cómo amarse
profundamente, porque el amor cubre multitud de pecados. Per-
míteles esforzarse por promover todo lo que conduzca a la paz y
a la mutua edificación.

1 PEDRO 4.8; ROMANOS 14.19

Protege a _____ del divorcio y de los conflictos mari-
tales. Lo que has unido en el matrimonio de _____,
que no lo separe el hombre.   MARCOS 10.9

De la manera en que _____ recibió a Cristo Jesús
como Señor, permítele vivir ahora en él. Haz que el matrimonio
de _____ se arraigue y se edifique en Jesús. Que estén
confirmados en la fe y llenos de gratitud.
                                                    COLOSENSES 2.6-7

CAPÍTULO 19

Ora por cómo tus hijos manejan su tiempo y dinero

Ahora bien, a los que reciben un encargo
se les exige que demuestren ser dignos de confianza.
1 Corintios 4.2

«¿Adivina qué, mamá?», dijo Houston, un niño de cinco años. «¡Están vendiendo dulces en la escuela bíblica de vacaciones esta semana! ¿Podemos comprar algunos?».

Margaret sonrió. Como a cualquier otro niño, a Houston le gustaban los dulces, pero ella sabía que su entusiasmo tenía razones más profundas: los líderes de la escuela bíblica de vacaciones les habían prometido a los niños que si conseguían suficiente dinero a través de la venta de dulces, utilizarían las ganancias para inscribir a cinco niños de República Dominicana en una escuela misionera. Como emprendedor en ciernes, Houston ya tenía un mapa de su territorio de ventas. «Quizá podríamos vender dulces en la oficina de papá», sugirió el chico.

A medida que la semana avanzaba, Houston y los otros niños aguardaban los reportes diarios para saber cuánto debían avanzar para lograr su objetivo. La emoción iba en aumento. Sin embargo, el dinero llegaba a paso lento, y para el jueves, todos sabían que, a menos que sucediera algo increíble, no lograrían alcanzar su meta.

El jueves por la noche, Houston se sentó en su cama y puso su mirada en su reluciente alcancía amarilla. La alzó, y se complació al sentir su peso y escuchar el sonido que las monedas hacían al chocar entre sí. Había ahorrado arduamente durante un largo período, y, con cuidado, había introducido en la ranura las monedas de uno, cinco, diez y veinticinco centavos. ¿Qué debería hacer con todo ese dinero?

De pronto, llamó a gritos a su madre y le preguntó: «Mamá, ¿tienes una bolsa plástica donde depositar el dinero?».

Mientras Margaret buscaba una bolsa plástica, Houston le explicó su decisión: «Quiero dar mi dinero para que los niños de República Dominicana asistan a una buena escuela. Lo llevaré mañana a la escuela bíblica de vacaciones».

Conmovida por la disposición de su hijo a dar lo que tenía a personas que ni siquiera conocía, Margaret contuvo sus lágrimas. Con ternura, le respondió: «Me parece una buena idea hijo. Cuando le damos lo mejor al Señor, lo hacemos sonreír. Y cuando somos generosos con los demás, siempre podemos confiar que Dios cuidará de nosotros».

Al día siguiente, Margaret se paró al fondo de la sala con la mirada puesta en los niños que escuchaban la noticia: no solo habían alcanzado la meta, sino también habían llevado tanto dinero ese día que alcanzaba para enviar a *diez* niños a la escuela misionera. Los niños saltaron de sus asientos y celebraron al unísono. Margaret observó la sonrisa de oreja a oreja pintada en el rostro de su hijo. Él sabía que había sido parte del milagro.

Sin embargo, lo mejor de todo aún no llegaba. Esa tarde, mientras el triunfo en las ventas seguía todavía fresco en la mente de Houston, una vecina llamó a la puerta: «Ah, Houston, olvidé pagarte por alimentar a mi perro hace unas cuantas semanas. Aquí tienes el dinero que te debía. Disculpa la tardanza».

Margaret y Houston se miraron con asombro por el dinero que la mujer le ofrecía. ¡Doblaba la cantidad que Houston había entregado esa mañana!

En ese momento, Margaret no pudo contener las lágrimas. Su hijo había experimentado el gozo de *dar,* y, en un solo momento, también experimentaba el gozo de *recibir* de su amoroso y fiel Padre celestial. ¡Dios era muy bueno!

«Mamá», dijo Houston al interrumpir los pensamientos de su madre. «Tenías razón. Dios siempre cuida de nosotros, ¿verdad?».

Principio de oración

Orar para que tus hijos tengan la habilidad de manejar
el dinero también requiere que ores para que confíen en
Dios como el proveedor de todas sus necesidades.

Se percibe más de lo que se enseña

La Biblia contiene más de 2.300 referencias sobre el dinero y las posesiones. Jesús habló más sobre el dinero y su manejo que sobre cualquier otro tema, además de conectar los principios financieros con el diario vivir. «Miren esa pobre viuda ahí», les diría a sus discípulos para que todos volvieran la mirada a una mujer que en silencio depositaba un par de monedas pequeñas en el tesoro del templo. «Esta viuda pobre ha echado más que todos los demás. Todos ellos dieron sus ofrendas de lo que les sobraba; pero ella, de su pobreza, echó todo lo que tenía para su sustento».[1]

Nuestros amigos Judy y Ron Blue han invertido más de treinta años en el estudio de las enseñanzas de Jesús sobre el manejo de las finanzas. Al igual que Jesús, se han esmerado en comunicar esos principios a muchas personas. Ron lo ha logrado a través de su trabajo gerencial en una de las principales empresas de planificación de inversión y finanzas en Estados Unidos, y Judy, a través de los muchos estudios bíblicos y grupos de discipulado para mujeres que dirige. Son conferencistas conocidos y autores de grandes ventas, pero lo que me intriga sobre su mensaje es cómo se las han ingeniado para explicárselo a sus cinco hijos.

Todos los años, durante un fin de semana Ron y Judy realizan una salida planificada para orar y hablar de todo un poco: desde las vacaciones familiares hasta la educación de sus hijos. Bajo la premisa de que todos sus recursos, en última instancia, le pertenecen a Dios y que, por lo tanto, cada decisión en cuanto a los gastos es una decisión espiritual, le piden a Dios sabiduría sobre el presupuesto, los objetivos financieros y la inversión. También oran para que sus hijos comprendan y apliquen los principios divinos para el manejo de las finanzas.

Cuando sus hijos aún eran pequeños, Ron y Judy se esforzaban por demostrar esos principios de manera práctica y con la ayuda de herramientas como el sistema de depositar dinero en sobres para enseñarles conceptos sencillos sobre el presupuesto. Una vez por mes les entregaban a cada uno una cantidad específica en cinco sobres: diezmo, ahorro, gasto, regalos y ropa. Pronto, los chicos descubrieron la realidad de los recursos limitados, el valor de posponer la gratificación y la libertad inherente a distribuir el dinero según un plan predeterminado.

Hace muchos años, Judy me dijo: «Un día, nuestros hijos serán los cónyuges de otras personas, los empleados de otras personas, los padres de otras personas y los jefes de otras personas. Al mostrarles cómo manejar su dinero, les enseñamos habilidades útiles para toda su vida, sin importar el tipo de empleo que tengan y el salario que ganen».

Ese sistema de enseñanza ya ha rendido frutos: las hijas de Ron y Judy utilizaron los principios del sistema de sobres en la planificación de sus bodas, y sus esposos están agradecidos por la sabiduría y el ingenio que han aportado a sus matrimonios. Gracias a las lecciones aprendidas sobre el ahorro, la inversión y la confianza en la provisión de Dios, todos los hijos de Ron y Judy han disfrutado la libertad de escoger sus carreras según sus sueños y metas y no sobre la base de un deseo terrenal de «hacerse ricos rápidamente».

El sistema de los sobres fue una de las herramientas que Ron y Judy utilizaron al criar a sus hijos. Sin embargo, desde mi perspectiva fuera de su familia, me parece que las mejores lecciones no provenían del sistema de sobres, gráficos o alguna otra estrategia de administración del dinero. En su lugar, creo que el mejor método de enseñanza fue la forma constante como Ron y Judy demostraban ante sus hijos su mayordomía sabia, reconocían a Dios como su proveedor y buscaban su ayuda para saber distribuir los recursos financieros. De manera continua y sutil, modelaron su mensaje; y ese ejemplo, acompañado de sus oraciones sinceras, sirvieron como el más poderoso de los maestros.

━━━━━ Principio de oración ━━━━━

Orar por el manejo que tus hijos hacen del tiempo
y del dinero requiere pedirle ayuda a Dios para mo-
delar la mayordomía bíblica de manera que puedan ver los principios divinos en acción.

Mayordomía del tiempo y de los talentos

La mayordomía financiera sabia depende de conocer y emplear los principios bíblicos, de eficacia comprobada, sobre el manejo de los activos materiales que Dios nos provee. Asimismo, podemos utilizar esos principios para ayudar a nuestros hijos a administrar los recursos que Dios les brinda, entre estos el tiempo y los talentos.

Nuestras hijas mayores apenas estaban dejando los pañales cuando nuestros amigos Jim y Anne nos llamaron por primera vez para preguntarnos si deseábamos que su hija adolescente, Catharine, fuera nuestra niñera durante unas semanas. Puesto que no sabíamos cuánto nos podía costar ese servicio, no sabíamos qué responder, pero Jim y Anne pronto disiparon nuestras preocupaciones. Dijeron que no era cuestión de dinero. Catharine estudiaba en casa, y servir como nuestra niñera le ayudaría a pulir sus habilidades y talentos, así como su don de servicio.

¡No hubo necesidad de pulir nada en Catharine! Un par de días en casa fue suficiente para darnos cuenta de que verdaderamente tenía el don de la educación infantil. Casi de manera instintiva, sabía cuándo brindar cariño a las chicas y cuándo proceder con firmeza. Al ver su cuidado tierno para con las niñas, incluso yo aprendí de su ejemplo. Catharine no desperdiciaba el tiempo: cuando no limpiaba el piso de la cocina, les leía a las niñas un relato bíblico o algún otro libro; cuando no estaba cambiando pañales, experimentaba con una nueva receta para nuestra cena.

Me sentí increíblemente egoísta por absorber la energía y el trabajo duro de esa chica a quien le doblaba la edad. Sin embargo, parecía que esas actividades motivaban a Catharine. Consideraba su educación como algo más que asuntos académicos, y la oportunidad de aprender cómo manejar un hogar era solo una de las muchas habilidades que anhelaba adquirir: ¡desde criar una oveja hasta hablar alemán!

Catharine consideraba su tiempo y sus talentos como regalos de Dios y recursos útiles para su reino. Y después de verla en acción durante dos semanas, comencé a orar para que un día mis hijos tuvieran su espíritu industrioso, su compromiso apasionado de servir a otros y su capacidad para manejar sus dones.

Romanos 14.12 dice que un día todos tendremos que dar cuentas a Dios de nosotros mismos. Cuando Dios vea a Catharine y su manera de administrar su dinero, tiempo y talentos, sé lo que dirá. Será lo mismo que le dijo al siervo fiel y buen administrador en Mateo 25.23: «¡Hiciste bien, siervo bueno y fiel! Has sido fiel en lo poco; te pondré a cargo de mucho más. ¡Ven a compartir la felicidad de tu señor!».

¿Se te ocurre alguna otra mejor recompensa para tus hijos?

<hr>

Principio de oración

Orar por la manera como tus hijos administran el
tiempo, los talentos y el dinero puede abrirles la
puerta para disfrutar de las recompensas de Dios
ahora y para la eternidad.

<hr>

Preparada para la oración

Cuando les enseñes a tus hijos cómo manejar su dinero y su
tiempo, considéralo como depositar monedas en una alcancía.
Entre más enseñanza (y oración) deposites ahora, mayores serán
los beneficios a lo largo del camino. Las Escrituras ofrecen lecciones y principios numerosos que puedes utilizar, pero si deseas
ayuda para comenzar, te presento tres de mis principios de oración favoritos sobre «administrar el tiempo y el dinero» aprendidos de los libros de Ron Blue:

1. *Dios es dueño de todo.* Tal como lo expone Salmos 24.1:
   «Del Señor es la tierra y todo cuanto hay en ella». Ora
   para que tus hijos reconozcan el señorío de Dios sobre
   sus recursos. Y que cuando consideren gastar su tiempo
   y dinero en algo, no pregunten primero «¿puedo pagar-
   lo?» sino «¿querría Dios que use este dinero o tiempo de
   esta manera?».

2. *Siempre habrá maneras ilimitadas de repartir los recursos
   limitados.* No importa si tienes cinco años o cincuenta,
   o que tengas cinco dólares para gastar o cincuenta mil,
   tus opciones para gastar siempre sobrepasarán el dinero

(o tiempo) que tengas. Ora para que tus hijos tengan la sabiduría para ordenar sus prioridades, y que aprendan a posponer la gratificación a fin de evitar ser tentados a engañar, robar o caer en el descontento cuando no logren obtener lo que quieran.

3. *La generosidad es la clave de la libertad.* Mateo 6.24 dice: «No se puede servir a la vez a Dios y a las riquezas». Ora para que tus hijos sirvan a Dios con todo su corazón y que nunca sean esclavos del temor y la codicia financiera. Ora para que conserven su riqueza, es decir, su tiempo, dinero y talentos, con un corazón generoso y manos extendidas, y que busquen oportunidades para compartir sus bendiciones con otros.

Oraciones que puedes utilizar

Padre celestial...

Enséñale a _____ a sembrar con generosidad de manera que pueda cosechar con generosidad. Que dé con alegría y no con duda, y provee para sus necesidades para que ella abunde en buenas obras.   2 CORINTIOS 9.6-8

Permite que _____ reconozca que tú eres el dueño de todos sus recursos y que todo proviene de tu mano. Ayuda a _____ a buscarte para llenar todas sus necesidades de acuerdo a tus gloriosas riquezas en Cristo Jesús.
                       1 CRÓNICAS 29.14; FILIPENSES 4.19

Haz que _____ confíe en ti, oh Señor. Permítele decir: «Tú eres mi Dios. Mi vida entera está en tus manos».
                              SALMOS 31.14-15

Permite que _____ apoye y provea para sus familiares, en especial para su familia inmediata, para que nadie le acuse de negar su fe y que actúa peor que un incrédulo.
                              1 TIMOTEO 5.8

Concédele a _____ un corazón agradecido y bríndale gozo para orar. Que ore dando gracias en todas las circunstancias.   1 Tesalonicenses 5.16-18

Haz que la vida de _____ se mantenga libre del amor al dinero, y esté contento con lo que tiene. Que sepa que tú, oh Señor, nunca lo dejarás ni lo olvidarás. Permítele ser como Pablo quien sabía vivir en todas y cada una de las circunstancias, tanto a quedar saciado como a pasar hambre, a tener de sobra como a sufrir escasez.   Hebreos 13.5; Filipenses 4.12

Ayuda a _____ a entender que «quien ahorra, poco a poco se enriquece». Que no se afane acumulando riquezas; dale la sabiduría necesaria para saber dominarse.
                                         Proverbios 13.11; 23.4

Enséñale a _____ el número de sus días y que entienda la brevedad de la vida, ayúdale a invertirla como debe.
                                         Salmos 90.12 (ntv)

Haz que _____ tenga cuidado de su manera de vivir, no como necia sino como sabia, aprovechando al máximo cada momento oportuno.   Efesios 5.15-17

No dejes que _____ sea arrogante ni ponga su esperanza en las riquezas, que son tan inseguras, sino ayúdalo a confiar en ti. Haz que disfrute de lo que le has provisto. Que sea rico en buenas obras, generoso y siempre dispuestos a compartir. Permite que atesore para sí un seguro caudal para el futuro y obtenga la vida verdadera. 1 TIMOTEO 6.17-19

Oro para que _____ sea digna de confianza en la manera de manejar las riquezas, y que sea de una sola mente en su devoción a ti. Que reconozca la imposibilidad de servir a Dios y al dinero. LUCAS 16.10-13

CAPÍTULO 20

Ora por tus hijos cuando deban abandonar tu nido

¡Sé fuerte y valiente! ¡No tengas miedo ni te desanimes!
Porque el SEÑOR tu Dios te acompañará dondequiera que vayas.
JOSUE 1.9

—Por favor recuerda orar por Jennifer —dijo papá cuando finalizábamos nuestra conversación telefónica—. No se siente nada bien. Creo que tiene una especie de virus de influenza. Tu madre y yo tenemos a Jennifer como prioridad en nuestra lista de oración.

Enfermarse era lo menos que mi hermana Jen necesitaba. Como maestra de ciencias de secundaria, permanecía inmersa en pilas de exámenes sin calificar, planes de clase y problemas disciplinarios de sus estudiantes. Nunca se quejaba; de hecho, parecía disfrutar del trabajo y de los chicos de verdad. Sin embargo, yo sabía que no podía darse el lujo de enfermarse.

—Está bien, lo haré —afirmé—. El pequeño Robbie necesita tus oraciones también. Anoche, intentó tirarse de cabeza desde la espalda de Hillary hasta su cama, y se cortó la mejilla desde la sien hasta el labio.

—¡Ay! —exclamó papá—. ¿No se lastimó recientemente la nariz de la misma forma?

—Sí, pero esa cicatriz ya comenzó a sanar. Y papá, por favor sigue orando por el libro, debe estar listo en menos de un mes.

Y no olvides que pondremos nuestra casa a la venta la próxima semana, Robbie estará en un viaje de negocios y se supone que iremos a Williamsburg con sus padres este fin de semana, pero la niñera nos acaba de llamar para avisarnos que tiene bronquitis así que debo encontrar a alguien más que se encargue de los niños.

—¡Espera! —repuso mi padre con una carcajada—, ¿intentas desbancar a tu hermana del primer puesto?

—¡Eso intento! —repliqué, con pleno conocimiento de que todos teníamos espacio en la lista de oración de mis padres.

Hace unos años trabajé como productora de televisión, y recuerdo cuando hicimos un programa con hijos adultos de alcohólicos. El punto esencial era que los problemas y conflictos relacionados con el alcoholismo de los padres perseguían a sus hijos en la adultez, aun cuando ya no vivían en casa. Creo que lo mismo sucede con los hijos adultos de los padres que oran; pero en lugar de problemas, nos persiguen la bendición, la protección y el amor de Dios.

Mis padres, Claire y Allen Rundle, son verdaderos guerreros de oración, en especial cuando se trata de sus hijos. No viven cerca de ninguno de nosotros, sus hijos. En diferentes momentos de su vida adulta, mis hermanos han vivido en China, África, Rusia y Suiza; sin embargo, la distancia geográfica solo ha fortalecido nuestros lazos familiares. Mis padres actúan como nuestro «comando de operaciones», que recibe nuestras peticiones de oración y nos mantiene al día con nuestras vidas vía correo electrónico y llamadas telefónicas. Ellos pasan las noticias a toda la familia, nos llaman para recordarnos «derramar oraciones» cuando alguien tiene una reunión importante, una cita especial o un niño enfermo.

Es por el ejemplo de mis padres, y las muchas maneras como Dios responde sus oraciones, que no temo por el futuro de mis hijos. De hecho, anhelo el día en que deba orar por ellos cuando partan a la universidad, cuando escojan una carrera y cuando se casen. Y anhelo, en especial, aplicar lo que he aprendido sobre las promesas de Dios y su fidelidad para también orar por mis nietos tal como mis padres lo hacen al aprovechar versículos como Salmos 100.5 (NTV): «Pues el SEÑOR es bueno. Su amor inagotable permanece para siempre, y su fidelidad continúa de generación en generación».

—————— Principio de oración ——————

Para aquellos hijos adultos con padres que oran, la oración invita a Dios a derramar sus bendiciones, protección y amor, además de demostrar su fidelidad a todas las generaciones.

El poder en la presencia de Dios

¿El hecho de no temer por el futuro de mis hijos significa que espero que en todo les vaya bien? ¿O que creo que siempre tendrán salud, felicidad y libertad de los problemas o las necesidades económicas? De ninguna manera. De hecho, volviendo al ejemplo de mis padres, pareciera que han pasado horas extra «en las trincheras», orando por mí y mis hermanos cuando hemos pasado por relaciones rotas, procesos de selección de carrera difíciles e, incluso, en situaciones de peligro para nuestras vidas.

Cuando Jennifer cursaba la secundaria, le diagnosticaron cáncer de colon, una enfermedad que aqueja a jóvenes en raras ocasiones. Los doctores no daban muchas esperanzas de recuperación.

De hecho, de acuerdo a un estudio que más tarde nos mostraron, no había registros de niños o jóvenes sobrevivientes de esa enfermedad. Sin embargo, Jen y mis padres se afianzaron a pasajes como Efesios 3.20-21: «Al que puede hacer muchísimo más que todo lo que podamos imaginarnos o pedir, por el poder que obra eficazmente en nosotros, ¡a él sea la gloria en la iglesia y en Cristo Jesús por todas las generaciones, por los siglos de los siglos! Amén». Y Dios *hizo* más de lo que podíamos pedir o imaginar: además de sanar a Jen de manera milagrosa, utilizó su historia para tocar y transformar innumerables vidas.[1]

Asimismo, mi hermana Mary ha experimentado algunas situaciones bastante inquietantes. Cuando era universitaria, decidió estudiar un semestre en China, donde a menudo viajaba sola por regiones remotas. Más recientemente, su trabajo como abogada especializada en comercio internacional la ha llevado a los lugares más convulsionados del mundo, donde ha trabajado bajo la amenaza (y en ocasiones, la realidad) del terrorismo, la agitación política y los disturbios urbanos.

¿Se preocupan mis padres por todos esos peligros? Pensaba que sí, después de todo, solo son humanos. Sin embargo, mi madre me corrigió: «Mientras Mary estaba en China, derramábamos oraciones sobre ella, pero nunca estuvimos preocupados. De hecho, solo fue hasta después de su regreso a casa (por casualidad, justo unos pocos meses antes de la matanza de Tiananmen en 1989) que nos percatamos de cuán fervientemente habíamos orado. Es como cuando te enfermas y no sabes lo mal que estás sino hasta que te recuperas. Solo entonces sabes por lo que has pasado».

Creo que la certeza de la presencia de Dios y su mano sobre sus vidas fue lo que sostuvo a mis padres cuando Mary estuvo sola en China y cuando Jen batallaba contra el cáncer. No puedo dejar de pensar que la madre de Moisés debió experimentar la misma cercanía de Dios cuando colocó a su bebé en la canasta y lo dejó flotar en el río Nilo infestado de cocodrilos. Sin duda, el Señor protegió a su bebé y lo llevó a la casa de Faraón para ser criado entre los hijos de Egipto.

Más tarde, cuando Dios le reveló su presencia a Moisés en forma de una zarza ardiente y le ordenó que liberara a los israelitas del yugo egipcio, Moisés se resistió. Protestó: «¿Y quién soy yo para presentarme ante el Faraón y sacar de Egipto a los israelitas?». Pienso que la respuesta que Dios le dio a Moisés es una de las mejores líneas de la Biblia. Dios no le indicó qué decir ante Faraón o cómo encararlo; en lugar de eso, solo le dijo: «Yo estaré contigo».[2] En verdad, ¿qué más deseaba Moisés? ¿Qué más querríamos saber sino que Dios, el Todopoderoso, el Creador y Señor del universo, está con nosotros? ¿Qué más podríamos desear para nuestros hijos?

El evangelista David Wilkerson escribió: «Moisés sabía que la presencia de Dios en Israel los separaba del resto de las naciones. Y lo mismo es verdad para la iglesia de Jesucristo en el presente. Lo único que nos separa de los no creyentes es que Dios está "con nosotros" y nos dirige, nos instruye y ejecuta su voluntad en y a través de nosotros».[3]

Si tuviera que hacer una sola oración por mis hijos, sería la siguiente: *Acompaña a mis hijos, Señor. Ve con ellos dondequiera que vayan y en lo que sea que hagan.* Pediría que conocieran a Jesús como su *Emanuel*, que literalmente es «Dios con nosotros». Me apropiaría de la promesa de Dios para Josué cuando sucedía a Moisés como líder de Israel: «¡Sé fuerte y valiente! ¡No tengas miedo ni te desanimes! Porque el Señor tu Dios te acompañará dondequiera que vayas».[4]

Principio de oración

Aunque el futuro es incierto, con la oración puedes confiarle la vida de tus hijos al Dios soberano y confiable, cuyo amor por ellos no varía; un Dios que ha prometido ir con ellos donde sea que vayan.

Construir altares

Recientemente, mi hermano David se graduó de la Universidad de Virginia, donde en la graduación siempre hacen una gran procesión sobre el césped de la rotonda de Thomas Jefferson. Es un evento histórico y tradicional, una caminata familiar para generaciones de graduados. Al participar en la procesión con sus amigos, David divisó a nuestros padres entre la multitud de espectadores. Dejó a sus compañeros, y se abrió paso entre la procesión para acercarse a nuestros padres, abrazar a nuestro padre por el cuello y darle un beso en la mejilla, en una muestra pública de agradecimiento y afecto.

Unos días después, recibí una carta de papá donde describía el abrazo espontáneo de David y lo mucho que había significado para él como padre. Hizo un recuento de una docena de recuerdos y bendiciones similares de los años que sus hijos pasaron en la universidad. Resaltaba que «todo ello daba testimonio de las misericordias amorosas de Dios, que una tras otra concedía a nuestra familia».

Papá finalizaba su carta con un desafío: «Dios es tan fiel y, en ocasiones, debemos detenernos y "levantar un altar de acción de gracias" antes de seguir apresurados por nuestro camino».

La Biblia está llena de altares erigidos por quienes deseaban un monumento permanente de la fidelidad de Dios, sus promesas y su poder para cambiar vidas. Noé construyó uno después del gran diluvio; Jacob erigió uno después de su experiencia de conversión; Moisés levantó uno después de que Dios llevara a los israelitas con seguridad al otro lado del Mar Rojo.[5] En cada uno de esos casos y muchos más, el altar significaba el tiempo y el lugar donde Dios aparecía y revelaba su amor.

═══════════ Principio de oración ═══════════

Los altares que eriges con alabanza y acción de gracias son los pilares de una vida de oración fuerte.

Preparada para la oración

¿Tienes altares en tu vida? ¿Lugares o situaciones en los cuales sabes que Dios intervino a tu favor o respondió tus oraciones? Cuando surge una necesidad, ¿te enfocas en la fidelidad de Dios y su poder? ¿O te consume el problema que te ocupa?

Hemos cubierto diferentes temas de oración en este libro; sin embargo, indudablemente existen muchos otros asuntos y preocupaciones que pueden confabular para atacar tu confianza en Dios. La Biblia nos pide no preocuparnos por nada. Pablo escribe: «En cambio, oren por todo. Díganle a Dios lo que necesitan y denle gracias por todo lo que él ha hecho».[6]

Si todavía no lo has hecho, aparta tiempo para reflexionar sobre la manera como Dios ha bendecido a tu familia. Escribe esas bendiciones y erige un «altar» de acción de gracias y conmemoración. Testifícales a tus hijos y anímalos a construir sus propios altares cuando Dios actúe en sus vidas. De esta manera, cuando tus hijos abandonen tu nido, ellos y tú tendrán un registro tangible de la fidelidad y el amor de Dios.

Tu altar puede ser una cesta con páginas donde hayas escrito las respuestas de Dios o su guía. Puede ser una hora y un lugar específico cada semana o mes donde tu familia se reúne para orar y reflexionar sobre la bondad de Dios. Podría ser algo tan simple como un diario de oración en el que escribas tus peticiones, las promesas de la Biblia y las respuestas a tus peticiones.

Sin importar la forma de tu altar, asegúrate de considerarlo a menudo como un medio para edificar tu fe, mantener tu relación con Dios enfocada y llenarte de paz cuyo fundamento sea la certeza de que el Dios todopoderoso está en control y de que es digno de tu confianza, alabanza y gratitud.

Oraciones que puedes utilizar

Padre celestial...

Haz que _____ sea fuerte y valiente. No permitas que tenga miedo o se desanime, pero que sepa que tú lo acompañarás dondequiera que vaya.   JOSUÉ 1.9

Sé el Señor y Dios de _____. Enséñale lo que le conviene y guíala por el camino en que debe andar.   ISAÍAS 48.17

Ayúdanos a instruir a _____ en el camino correcto, para que en su vejez no lo abandone.
                                        PROVERBIOS 22.6

Haz que _____ se deleite en ti, y concédele los deseos de su corazón. Que encomiende a ti su camino y que confíe en ti cuando la hagas brillar como el alba.   SALMOS 37.4-5

Haz mucho más de lo que podamos pedir o imaginar en la vida de _____, de acuerdo a tu poder que obra eficazmente en él. Glorifícate en su vida por todas las generaciones que le seguirán.   EFESIOS 3.20-21

Permite que a lo largo de toda su vida, _____
*siga creciendo en sabiduría y estatura como Jesús lo hizo, y que
cada vez más goce del favor de toda la gente.* LUCAS 2.52

Oh Señor, enséñale a _____ *a seguir tus decretos.
Dale entendimiento para seguir tu ley, y cumplirla de todo corazón. Dirige a* _____ *por la senda de tus mandamientos, y que encuentre en ella solaz. Inclina su corazón hacia
tus estatutos y no hacia las ganancias desmedidas.*
SALMOS 119.33-36

Permite que _____ *confíe en ti de todo corazón, y no
en su propia inteligencia. Que en todos sus caminos reconozca
tu señorío y tu presencia, y dirige todos sus pasos en su carrera,
matrimonio, ministerio y en su caminar contigo.*
PROVERBIOS 3.5-6

Permite que _____ *te alabe con todo su corazón y
su alma, y que nunca se olvide de tus beneficios. Perdona sus
pecados, sana sus dolencias, redime su vida, y corónala de amor
y compasión. Cumple sus deseos con buenas cosas. Permite que*
_____ *entienda que para siempre tu amor esta con
los que te temen y tu justicia estará con los hijos de sus hijos si
guardan tus mandamientos y recuerdan obedecer tus preceptos.*
SALMOS 103.1-5, 17-18

Hemos orado por _____, y tú nos has concedido nuestras peticiones. Ahora, te lo entregamos, Señor. Mientras viva, estará dedicado al Señor.

1 SAMUEL 1.27-28

La oración y su poder de cambiar vidas

Corramos con perseverancia la carrera que tenemos por delante.
Fijemos la mirada en Jesús,
el iniciador y perfeccionador de nuestra fe.

HEBREOS 12.1-2

A lo largo de este libro, hemos visto cómo Dios se levanta en respuesta a la oración de fe. En ocasiones, sus respuestas han llegado pronto; con mayor frecuencia, se reciben después de días, semanas o incluso años de intercesión.

Un día, mientras corría por la playa, le pregunté en tono de queja a Dios: «*¿Por qué sucede de esta manera? Sé que deseas lo mejor para nuestra familia. ¿Por qué no respondes a mis plegarias la primera vez que las elevo ante ti? ¿Por qué la oración tiene que ser un trabajo tan arduo?*».

En retrospectiva, puedo pensar en muchas respuestas posibles a estas preguntas; de hecho, muchas de las respuestas son expuestas por el autor Dutch Sheets en su libro titulado *La oración intercesora*. No obstante, ninguna de esas respuestas es la que tenía en mente ese día en la playa. En su lugar, Dios me recordó mi deseo de ver a mis hijos «crecer» en lo espiritual e intelectual. A medida que mis hijas mayores se acercan a la adolescencia, deseo que tomen decisiones responsables y sabias, sin depender de mí como si fuera la directora de escena en las diferentes etapas de sus vidas.

Sería mucho más fácil y, a menudo, menos caótico para mí si siguiera tratando a Hillary y a Annesley como lo hice cuando eran más pequeñas: escoger a sus compañeros de juegos, dirigir su tiempo de ocio, filtrar todo lo que leían o veían y revisar hasta la última página de su tarea para asegurarme de que estuviera bien hecha. Sin embargo, sé que el proceso de crecimiento exige permitirles tomar decisiones y hacer las cosas por sí mismas, aun cuando eso signifique que deban trabajar, sudar y, en ocasiones, hasta llorar.

Creo que con la oración puede pasar lo mismo. Sería *mucho* más fácil y siempre menos caótico si Dios solo tomara el control, dirigiera nuestras oraciones como un rayo láser y las respondiera en el momento adecuado. No obstante, aunque eso aseguraría que la voluntad de Dios se cumpliera, sería inútil para el crecimiento de nuestro espíritu, nuestro carácter o nuestra relación con el Señor.

Así como deseo que mis hijos cambien y maduren, Dios desea que nosotros, sus hijos, «crezcamos» en nuestra fe, y la oración es una de las herramientas de Dios para guiarnos a la madurez. No nos equivoquemos: *la oración es trabajo*. Es un gozo ver las respuestas de Dios, pero no siempre lo es orar, en especial cuando se requiere perseverancia. Sin embargo, a medida que oramos, nuestra vida y perspectiva son transformadas. C. S. Lewis tenía razón al decir que la oración no cambia a Dios, sino a nosotros. De la misma manera, en una ocasión Oswald Chambers advirtió que la expresión «la oración cambia las cosas» está lejos de la verdad; la expresión debería ser: «La oración me cambia a mí, luego yo cambio las cosas».

Entonces, cuando intercedas por tus hijos, te animo a ver más allá de la obra que Dios está haciendo en sus vidas y te enfoques en las formas como él utilizará tus oraciones para edificar y fortalecer tu propia fe. Recuerda: la oración representa una oportunidad para aliarte con Dios y lograr sus propósitos sobre la tierra. Dios *anhela* que ores. Las Escrituras dejan esto en claro, sin embargo, el cómo, cuándo e incluso la elección de aprovechar la oportunidad que él te ofrece depende por completo de ti.

Tomar la Biblia como base de tus oraciones, como lo hemos hecho en este libro, es solo una de las muchas maneras para interceder por tus hijos. Creo que Dios también nos habla en el presente a través del Espíritu Santo y nos impulsa a orar por medio de una sensación, la cual, de alguna manera, se asemeja a la «intuición materna». Cuando sientas la dirección de Dios para orar por tus hijos o por una situación específica en la que estén involucrados, hazlo, con o sin un versículo bíblico a la mano.

Otra herramienta valiosa de oración es mantener un diario. Pocas cosas son tan edificantes para la fe y el cambio de paradigmas como leer nuestras peticiones y descubrir cómo Dios las ha respondido. Cuando el camino se vuelva difícil, cuando te encuentres en una prueba de fe y debas perseverar en oración, ponte en los zapatos del escritor de Salmos 77. En medio de problemas y gran angustia, él clamaba al Señor una y otra vez y se preguntaba si sus promesas habían fallado. Pero entonces consideró lo que Dios había hecho. «Meditaré en todas tus proezas; evocaré tus obras poderosas».[1] Este simple acto de reflexión, de remembranza y pensamiento en las cosas que Dios ya ha hecho, fue suficiente para llevar al salmista de la duda a la confianza, de la ansiedad a la seguridad y del desánimo a la alabanza. Del mismo modo, cuando te detengas a considerar las maneras en que Dios ya ha contestado tus peticiones y las cosas maravillosas hechas en la vida de tus hijos, será más fácil tener fe para el futuro y perseverar en la oración.

Por último, no subestimes el poder de la «oración multiplicada». Jesús prometió que «si dos de ustedes en la tierra se ponen de acuerdo sobre cualquier cosa que pidan, les será concedida por mi Padre que está en el cielo».[2] Unirse o iniciar un grupo de Madres Unidas para Orar es una forma excelente de acceder al poder de la oración multiplicada. Otra opción es tomar la idea de mi amiga Annesley: todos los meses, solicitaba información de diez o doce amigas de la universidad, y luego nos enviaba una hoja informativa con casi todas las peticiones de oración por nuestros hijos. Además de ser una herramienta de oración innovadora, las hojas informativas actualizadas de Annesley nos permitían mantenernos en contacto con un amplio número de amigas.

Para aprovechar la promesa de Cristo de «dos o tres reunidos en mi nombre», solo necesitamos una persona más. Si has estado orando sola, pídele a Dios recibir una compañera de oración, de preferencia, alguien que conozca a tus hijos y pueda entender sus necesidades. Años atrás, cuando nuestros hijos eran muy pequeños, Dios me llevó a solicitarle a mi amiga Margaret que se uniera a mí en oración. ¡Te podrás imaginar mi alegría al saber que Dios le había puesto mi nombre en su corazón al mismo tiempo! Comenzamos a reunirnos por espacio de una hora o más cada semana. Hoy, aunque casi cinco mil kilómetros nos separan, seguimos orando por nuestras familias; cuando alguno de mis hijos tiene una necesidad específica, todo lo que necesito es levantar el teléfono o enviar un correo electrónico, y sé que Margaret me acompañará en oración con lo que se cumple la promesa de Mateo 18.20.

Orar las Escrituras a favor de tus hijos, seguir las instrucciones de oración del Espíritu Santo, mantener un diario de oración y unirte en oración con otros son solo algunas formas como puedes responder a la invitación y al mandato de Dios de orar.

Sin duda, descubrirás y echarás mano de otras estrategias. A medida que entres al campo de entrenamiento, mi oración para ti proviene de Hebreos 12.1-2, es decir, que corras con perseverancia la carrera que tienes por delante y fijes la mirada en Jesús, el iniciador y perfeccionador de tu fe. Al mantener tu vista enfocada en él, descubrirás que sin importar cuántos dones o bendiciones Dios derrame sobre tus hijos, Dios mismo es, en última instancia, la respuesta a todas tus oraciones. Encontrarás que él es, tal como se lo asegura a Abraham en Génesis 15.1: «Tu escudo, y muy grande recompensa».

Utiliza personajes bíblicos para orar por tus hijos

Orar las Escrituras por tus hijos al introducir sus nombres en versículos específicos es solo una manera de utilizar la Biblia como fuente de energía para tu vida de oración. Otra poderosa estrategia de oración es utilizar el ejemplo de personajes bíblicos, seres humanos reales con fortalezas y debilidades, como inspiración para tus oraciones.

Por ejemplo, veamos a Pedro. Siempre he tenido afinidad por Pedro. Era temerario e impulsivo. Fue quien parloteó sin parar sobre hacer «enramadas» para Moisés y Elías cuando aparecieron junto a Jesús en la cima del monte, además de planificar y hablar incesantemente hasta que finalmente Dios todopoderoso lo interrumpió. De pronto, aquel hombre cayó boca abajo, aterrorizado. Fue quien se abalanzó para «salvar» a Jesús y cortarle la oreja a uno de los sirvientes del sumo sacerdote antes de que Jesús le pusiera un alto a su celo irreflexivo. Y fue quien negó (tres veces) que conocía a Jesús cuando las cosas se complicaron.

¿Quién no tendría afinidad con un hombre así? Sin embargo, a pesar de sus fallas humanas, Dios usó a Pedro de manera poderosa. Me preguntaba: *¿qué hizo de Pedro... bueno, un ser tan útil?*

Un día mientras leía el libro de los Hechos sin detenerme a pensar en Pedro, de pronto, este apareció. Al leer sobre él (en Hechos 2-4), quedé fascinada por sus atributos positivos. Por ejemplo, es evidente que Pedro conocía las Escrituras en su totalidad y que las utilizó para interpretar lo que ocurría en los días posteriores a la muerte y resurrección de Jesús. Mientras les hablaba a sus hermanos judíos, algunos de los cuales habían exigido la muerte de Jesús, no los despreció ni los culpó, sino que les ofreció ánimo y esperanza tanto para ellos como para las generaciones futuras. Aprovechó la oportunidad de un milagro increíble, la sanación de un cojo, para señalar el camino a Jesús sin llamar la atención para sí. Y cuando los problemas intentaron acallarlo, Pedro rehusó desmoronarse ante la presión. Por el contrario, Hechos 4 dice que Pedro fue lleno del Espíritu Santo, demostró una valentía notable y comprobó que temía y obedecía más a Dios que a los humanos, aunque eso significara ir a prisión.

———

Señor, que mis hijos sean como Pedro. Son humanos y débiles, pero úsalos. Dales el conocimiento presto de tu Palabra, que ofrezcan la esperanza del evangelio a un mundo herido y permíteles siempre buscar tu camino en lugar de obtener gloria para sí mismos. Llénalos con tu Espíritu Santo, dales valor para permanecer firmes ante las presiones de los demás y las influencias negativas. Que aprendan a amarte, temerte y obedecerte a ti más que a cualquier persona.

———

¡Qué magnifica oración! No la inventé, llegó justo después de leer un par de capítulos de la Biblia. Ni siquiera buscaba una oración cuando leía Hechos; no obstante, al enfocarme en Pedro, no pude desperdiciar la oportunidad de convertir su vida en una oración para mi familia. La Biblia está llena, hasta reventar, de oportunidades similares para orar. Incluso personas como Enoc, quien aparece fugazmente en Génesis 5 (versículos 21-24) y en el resto de la Biblia se menciona en un mínimo de ocasiones, pueden inspirarnos a hacer la siguiente oración:

▬▬

Señor, permite que Robbie sea como Enoc. Permítele caminar contigo.

▬▬

A medida que leas tu Biblia, mantente alerta a los personajes que encuentres. ¿Quiénes son? ¿Qué los impulsó? ¿Qué atributos o aspectos de carácter les sirvieron para llevar a cabo la obra de Dios? ¿Qué debilidades tuvieron que superar? Pídele a Dios que abra tus ojos para ver las oportunidades de oración que te brindan las vidas de esos hombres y mujeres que dejaron su huella en la historia.

Otra manera, por cierto más directa, de utilizar los personajes bíblicos como fundamento de la oración consiste en simplemente escoger un personaje para estudiarlo y luego emplear sus atributos como trampolín para tus oraciones. He agregado abajo varios personajes junto a sus cualidades distintivas. Escoge uno de ellos, o selecciona algún otro cuyos rasgos desees que Dios desarrolle en tus hijos.

Así como Pedro, todos ellos son imperfectos. Han cometido errores. Son pecadores, al igual que nosotros. Pero al enfocarnos más en sus fortalezas que en sus debilidades, podemos «prestar» en oración sus cualidades piadosas y también rogar para que Dios forme y utilice a nuestros hijos para su reino.

ABRAHAM: el padre de muchas naciones

- Hombre de oración poderoso y seguro (ver Génesis 18.23-33).
- Obediente a Dios (ver Génesis 12.4; 22.3).
- Generoso y caritativo (ver Génesis 13.8-9).
- Dador del diezmo y agradecido por la provisión de Dios (ver Génesis 14.20).
- Leal y confiado en Dios (ver Génesis 22.3-12; Hebreos 11.17).

RUT: la hija fiel

- Nuera amorosa, que valoraba los lazos familiares (ver Rut 1.16-17).
- Diligente y trabajadora (ver Rut 2.7, 23).
- Obediente, que honraba a su suegra (ver Rut 3.5).
- Paciente (ver Rut 3.18).
- Conocida por su carácter noble (ver Rut 3.11).

DAVID: el gran rey de Israel

- Valeroso (ver 1 Samuel 17.34-36).
- Rehusó escuchar a personas negativas, desalentadoras o temerosas (ver 1 Samuel 17.28-37).
- Fervoroso por Dios, conocía el poder del nombre de Dios (ver 1 Samuel 17.45-46).
- Contrito de espíritu, mostró arrepentimiento después de pecar (ver Salmos 51).
- Hombre conforme al corazón de Dios (ver 1 Samuel 13.14).

ELISABET: la madre paciente

- Paciente, esperó el tiempo de Dios para tener un hijo. Reconoció la bendición de Dios en lugar de culparlo por el retraso (ver Lucas 1.25).
- Dios la utilizó para bendecir y animar a María (ver Lucas 1.42).
- Justa y humilde, tomaba con seriedad la Palabra de Dios (ver Lucas 1.6, 43).
- Llena de fe (ver Lucas 1.45).
- Hospitalaria (ver Lucas 1.56).

GEDEÓN: poderoso guerrero

- Humilde (ver Jueces 6.15).
- Honraba a Dios (ver Jueces 6.24; 7.15).
- Obediente a Dios (ver Jueces 6.27; 7.1-8).
- Moderador y diplomático (ver Jueces 8.1-3).
- Alejado del prestigio personal, encaminaba a otros hacia Dios (ver Jueces 8.22-23).

REBECA: esposa pura de Isaac

- Industriosa, trabajadora y fuerte (ver Génesis 24.19-20).
- Amable, considerada y respetuosa con los mayores (ver Génesis 24.18-19).
- Demostró hospitalidad sincera y pronta (ver Génesis 24.25).
- Virgen hermosa, casta y modesta (ver Génesis 24.16, 65).
- Acreedora de la bendición y el respeto de su familia (ver Génesis 24.57-60).

TIMOTEO: ejemplo para los creyentes

- Conocedor de las Escrituras que lo prepararon para toda buena obra (ver 2 Timoteo 3.14-17).
- Tuvo un padre no creyente, y fue seguidor de las enseñanzas de su madre y su abuela cristianas (ver Hechos 16.1; 2 Timoteo 1.5).
- Aun en su juventud sirvió de ejemplo para los demás (ver 1 Timoteo 4.12).
- Diligente, perseverante y colaborador de Pablo al predicar el evangelio (ver 1 Timoteo 4.15-16; 1 Corintios 16.10-11).
- Con eficiencia solucionaba problemas y dirigía a las personas a Jesús (ver 1 Corintios 4.17).

ESTER: la hermosa reina

- Obediente y respetuosa para con su padre-primo (ver Ester 2.20).
- Patriota y leal a su pueblo (ver Ester 8.3-6).
- Valiente, heroica y abnegada (ver Ester 4.11-16; 7.6).
- Bella en apariencia y en espíritu, favorecida por todos (ver Ester 2.15-17).
- Compasiva intercesora (ver Ester 4.4-5; 8.3-6).

JOSÉ: líder visionario

- Talentoso administrador, director, planificador y organizador (ver Génesis 39.4-6, 22-23; 41.41, 49, 56-57).
- Sexualmente puro, resistía la tentación (ver Génesis 39.7-13).
- Reconocía la soberanía de Dios y dependía de él (ver Génesis 41.16; 45.8).

- Amaba y honraba a su padre (ver Génesis 45.23; 47.7; 50.1-3).
- Practicaba el perdón, superaba el dolor y el rechazo (ver Génesis 50.16-21).

DANIEL: estadista y profeta

- Inteligente y bien parecido, aun así era humilde (ver Daniel 1.4; 9.18; 10.12, 17).
- Tranquilo, digno de confianza y puro (ver Daniel 1.8; 6.4; 10.3).
- Sabio en todo, incluso al escoger a sus amigos (ver Daniel 1.17-20; 2.17).
- Hombre de oración, confiaba en Dios (ver Daniel 2.18; 6.10, 23).
- Temeroso de Dios y no de los hombres; valiente, no ocultaba su fe (ver Daniel 5.22-23; 6.10).

Notas

INTRODUCCIÓN: **Comencemos con la oración**

1. John Wesley y Andrew Murray, citado por Dutch Sheets en *Intercessory Prayer: How God Can Use Your Prayers to Move Heaven and Earth* (Ventura, CA: Regal, 1997), pp. 23, 30 [*La oración intercesora: cómo Dios puede usar sus oraciones para mover el cielo* (Miami: Unilit, 1997)].

2. Ver Salmos 2.8; 2 Crónicas 7.14; Mateo 7.7 (cursivas agregadas).

3. Hebreos 4.12 (NTV).

4. Jack Hayford, *Prayer Is Invading the Impossible* (South Plainfield, NJ: Logos International, 1977), p. 92 [*La oración invade lo imposible* (Deerfield, FL: Vida, 1985)].

CAPÍTULO 1: **Ora por la salvación de tu hijo**

1. Según Henry T. Blackaby en *Experiencia con Dios* (Nashville: B&H Publishing Group, 2009), p. 123.

2. Jeanne Hendricks, *A Mother's Legacy* (Colorado Springs: NavPress, 1992), p. 99.

3. Puedes leer la historia de Elisabet en Lucas 1.

4. Hebreos 10.36.

CAPÍTULO 3: **Ora por los dones de tu hijo**

1. John y Susan Yates, *What Really Matters at Home: Eight Crucial Elements for Building Character in Your Family* (Dallas: Word, 1992), p. 134.

2. Ver Jeremías 1.5.

3. Ver Hechos 1.4-8.

Capítulo 4: Ora para que tu hijo proclame el reino de Dios

1. Susan Martins Miller, *Hudson Taylor* (Uhrichsuille, OH: Barbour, 1993), p. 64.

2. Citado en la señora Howard Taylor, *Behind the Ranges* (Greenwood, SC: Lutterworth, 1959), p. 125.

Capítulo 5: Ora por sabiduría y discernimiento

1. Lee la historia en 1 Reyes 3.5-14.

2. Citado por Cynthia Heald, *Becoming a Woman of Prayer* (Colorado Springs: NavPress, 1996), p. 69 [*Cómo llegar a ser una mujer de oración* (Miami, FL: Unilit, 2001)].

3. Colosenses 1.9, traducción de *The Message*.

4. Colosenses 2.3.

5. Eugene Peterson, *The Message: The New Testament, Psalms and Proverbs in Contemporary Language* (Colorado Spring, NavPress, 1995), p. 862.

Capítulo 6: Ora por un corazón de siervo

1. Mateo 20.26-28.

2. Bill Gothard, *Advanced Seminar Textbook* (Oak Brooks, IL: Institute in Basic Life Principles, 1986), p. 358.

3. Lee la historia en 1 Samuel 18 y 20.

4. Ver 1 Samuel 18.1.

Capítulo 7: Ora por bondad y compasión

1. John y Susan Yates, *What Really Matters at Home: Eight Crucial Elements for Building Character in Your Family* (Dallas: Word, 1992), p. 70.

2. Ver Lucas 10.25-37.

3. Lamentaciones 3.22.

Capítulo 8: Ora por dominio propio, diligencia y disciplina personal

1. Proverbios 25.28; 13.3-4; 5.22-23.

Capítulo 9: Ora por salud física y seguridad

1. Ver Isaías 49.16.

2. Samuel 12.23.

3. Bonnie Shepherd, «When Moms Pray», *Focus on the Family,* vol. 23, no. 8 (agosto 1999), p. 4.

4. *Heart to Heart,* vol. 11, no. 2 (otoño 1999, Moms in Touch International).

5. Jeremías 33.3.

Capítulo 10: Ora por protección espiritual

1. C. S. Lewis, *Cartas del Diablo a su sobrino* (Madrid: Rialp, 2004), p. 21.

2. Ver 2 Corintios 11.14-15.

3. Ver 2 Corintios 12.9.

4. Lee la historia en 1 Samuel 1-3.

5. 1 Samuel 2.21.

Capítulo 11: Ora por bienestar emocional

1. Ver Romanos 14.7-9 y Génesis 1.27.

2. Ver Salmos 139.14; Romanos 5.8; 8.38-39.

3. Ver Mateo 5.7; 18.21-22.

4. Ver Lucas 6.27-28.

5. Ver Lucas 6.31.

6. Warren Wiersbe, *Be Joyful* (Colorado Springs: Chariot Victor, 1974) [*Gozosos en Cristo* (Sebring, FL: EBI, 1984)].

7. Salmos 90.14 (RVR1960), énfasis agregado.

Capítulo 12: Ora por los niños en crisis

1. 2 Reyes 4.22.

2. 2 Reyes 4.30.

3. Henry Blackaby y Claude King, *Experiencia con Dios* (Nashville: B&H Publishing Group, 2009), p. 209.

4. Jim Cymbala y Dean Merrill, *Fuego vivo, viento fresco* (Miami: Editorial Vida, 1998), pp. 58-60.

5. Ibíd., p. 54.

6. Ibíd., pp. 17-18.

7. Cita mencionada en la revista *Relationships*, de Young life (ejemplar de invierno, 1998), p. 9.

8. James Dobson, *Emotions: Can You Trust Them?* Ventura, CA: Regal, 1980, p. 133 [*Emociones: ¿Se puede confiar en ellas?* (Miami: Casa Creación, 2005)].

Capítulo 13: Ora por las amistades de tu hijo

1. Chuck Swindoll, programa radial Insight for Living (23 agosto 1999).

Capítulo 14: Ora por las relaciones de tu hijo con sus hermanos

1. Puedes leer la historia en Génesis 25 y 27.
2. Puedes leer la historia en Génesis 32-33.
3. Génesis 32.11-12.
4. Puedes leer la historia en Génesis 4.

Capítulo 15: Ora por la relación de tu hijo con sus maestros y entrenadores

1. Mateo 9.37.

Capítulo 16: Ora por la relación con tu hijo

1. James Dobson, *Atrévete a disciplinar* (Editorial Vida, 1993), p. 20.
2. Éxodo 20.12.

Capítulo 17: Ora por el propósito de tu hijo en la vida

1. Ester 4.14.
2. Ver Isaías 43.1; Jeremías 1.5.
3. Salmos 139.13,16.
4. Mencionado por Jean Fleming, *A Mother's Heart: A Look at Values, Vision, and Character for the Christian Mother* (Colorado Springs: NavPress, 1996), p. 89 [*El corazón de una madre* (Nashville: Grupo Nelson, 1987)].
5. Romanos 8.28.
6. Ver Lucas 1.

Capítulo 18: Ora por el matrimonio de tu hijo

1. Génesis 24.12-14.

2. Nathaniel y Andrew Ryun, *It's a Lifestyle: Discipleship in our Relationships* (Lawrence, KS: Silver Clarion Press, 1996), p. 67.

Capítulo 19: Ora por cómo tus hijos manejan su tiempo y dinero

1. Lee la historia en Lucas 21.1-4.

Capítulo 20: Ora por tus hijos cuando deban abandonar tu nido

1. Lee la historia de Jennifer en mi libro, *Celebration of Miracles* (Nashville: Nelson, 1995).

2. Ver Éxodo 3.11-12.

3. David Wilkerson, «The Power of the Lord's Prescence», *Time Square Church Pulpit Series* (7 diciembre 1998).

4. Josué 1.9.

5. Ver Génesis 8.20; 28.18-19 y Éxodo 17.15.

6. Filipenses 4.6 (NTV).

Conclusión: La oración y su poder de cambiar vidas

1. Salmos 77.11-12.

2. Mateo 18.19.